Tinka Beller

Von letzten Wünschen

Edition Mini
Große Gedanken
in einem kleinen Buch

Bibliografische Information der Deutschen Nationalbibliothek
Die Deutsche Nationalbibliothek verzeichnet diese Publikation
in der Deutschen Nationalbibliografie; detaillierte bibliografische
Daten sind im Internet über http://dnb.d-nb.de abrufbar.

Edition Forsbach
Bücher mit Herz

© Edition Forsbach, Bamberg 2021
www.edition-forsbach.de
7. Auflage, Bamberg 2022

Edition Mini: Große Gedanken in einem kleinen Buch
Band 13

Coverbild: © Dr. Beate Forsbach
Autorenfoto: © Rea Papke Photography, Kiel

Druck und Bindung: CPI Druckdienstleistungen GmbH
Ferndinand-Jühlke-Str. 7, 99059 Erfurt
Printed in Germany
ISBN 978-3-95904-141-6 (Print)
ISBN 978-3-95904-142-3 (E-Book)

Mit Respekt und Dankbarkeit für die Begegnungen,
die dieses Buch ermöglicht haben.

In tiefer Zuneigung für die Menschen,
die mich in meinem Leben begleiten.

In Liebe für meine Familie.
Ihr seid in meinem Herzen. Alle.

Inhalt

Vorwort von Christian Schüle

Wie stirbt man gut? Wie richtig? Wie gelingt das Sterben? Kann es überhaupt gelingen?

Das Drama des Menschen besteht ja seit jeher darin, das eigene Ende geistig nicht bewältigen zu können. Je mehr das zeitgenössische Leben auf Wachstum, Effizienz und Optimierung ausgerichtet ist, desto schwerer hinzunehmen sind Verfall, Vergänglichkeit und Endlichkeit.

Gewiss, man könnte abstrakt über Abschied und Sterben sprechen, man könnte sich über assistierten Suizid und passive Sterbehilfe auf medizinethischer und gesetzgeberischer Basis verständigen. Das Sterben eines individuellen Lebens aber gut und richtig gestalten, das lässt sich nur höchst subjektiv erfahren.

Eine der größten Gaben des Menschen besteht darin, dem Sterben jene Würde zuzuerkennen, die auch das gute Leben beansprucht. Und so wäre es eine der vornehmsten Aufgaben einer sittlichen Gesellschaft, das Sterben – wenn es denn unvermeidlich ist – als letzte Passage des Lebens so würdevoll wie möglich zu gestalten.

Insofern ist Menschenwürde ganz gewiss auch Sterbenswürde. Hospizarbeit macht genau das. Was nun heißt würdevoll konkret, wenn es auf sie ankommt? Und worin könnte dann die Würde im Sterben bestehen?

Als ich vor Jahren das erste Mal von Idee und Praxis des „Wünschewagens" hörte, sterbenden Menschen ihren letzten und vielleicht noch größten Wunsch zu erfüllen, also die vorletzte oder letzte Sentenz im jeweiligen Leben erfüllend zu gestalten, war ich auf eine Weise berührt, die ich vorher nicht gekannt hatte. Sofort dachte ich: So geht Sterbenswürde!

Wie klein und bescheiden die letzten Wünsche doch sind: noch einmal das Meer sehen, noch einmal den Lieblingskuchen essen, noch einmal das wiederholen, was einst erhabene Glücksgefühle beschert hat.

Eine Fahrt an die Ostsee oder ein Ausflug ins Stadion des Lieblingsvereins setzt all das in konkretes Erleben um, was Philosophen, Soziologen, Theologen, Mediziner, Juristen und Politiker akademisch und fachspezifisch immer wieder mühsam, kontrovers und vor allem theoretisch verhandeln.

Dem sterbenden Menschen das Menschliche zu lassen, ihm bis zuletzt die Gestaltung seines Lebens zu ermöglichen, nimmt nicht nur den Menschen selbst ernst, sondern auch das, wovon zu Recht als höchster Norm einer humanistischen Zivilisation gesprochen wird: Selbstbestimmung. Sterben ist ja immer noch Leben, und wer Wünsche äußert,

äußert immer auch den Anspruch auf Respekt vor einem selbstbestimmten Leben bis zur letzten Sekunde.

Man kann die seelische Not, das Leid, die Angst und den Schmerz eines Sterbenden, wenn angesichts der unwiderruflichen Zerstörung des eigenen Körpers keine weitere Zeit mehr bleibt, höchstens erahnen.

Als Sterbebegleiterin habe sie gelernt, schreibt Tinka Beller, nicht über das zu urteilen, was sie höre. Eine der wichtigsten Fähigkeiten der Sterbebegleitung sei, die Stille auszuhalten. Stille zu ertragen. Nichts zu sagen, nur zu hören. Den sterbenden Menschen, denen sie sich anvertraut, schlicht und einfach zuzuhören, ihre Geschichten anzuhören, ohne aufzumuntern oder zuzureden, heißt doch, ihm bis zum Schluss Augenhöhe zu ermöglichen, seine Biografie wertzuschätzen, und ihn somit bis zuletzt als autonomes Subjekt anzuerkennen.

Das ist eine große Kunst, weil Größe immer im Kleinen steckt, im Konkreten, in Tiefe und Respekt vor dem scheinbar Banalen, das keineswegs banal, sondern unendlich bedeutsam ist. Stilles Zuhören ist ein Akt der Zuwendung ohne Hierarchie.

Die Menschlichkeit der Zwischenmenschlichkeit, die in jeder Zeile dieses Buches zu spüren ist, zeigt auf höchst lehrreiche Weise, worin im Angesicht des Sterbens anderer die so schwierige wie wahrhafte Demut vor dem Leben besteht: in der Einfühlung, die nicht aufdringlich ist, in der Zurücknahme, die aushält, in der Aufmerksamkeit, die ihre eigene Emotionalität sublimiert, in der Zuwendung, die die würdevolle Zärtlichkeit der Normalität bewahrt.

Christian Schüle ist Philosoph und Autor (u. a. „Wie wir sterben lernen"). Er lebt und arbeitet in Hamburg.

www.christianschüle.de

Einleitung

Die kleine, norddeutsche Kirche war nur mit wenigen Menschen besetzt. Der Pastor hatte eine wunderbare Rede gehalten und war mit persönlichen Worten auf das Leben der Verstorbenen eingegangen. Er betonte ihre Verbundenheit zum Wasser, ihre außergewöhnliche Kreativität und das besonders enge Verhältnis zu ihrem erwachsenen Sohn, dem einzigen Kind.

Er war in den letzten Wochen bei ihr, hatte sie begleitet und gemeinsam hatten sie sich an das erinnert, was ihr wichtig war. Ich durfte Charlotte im Hospiz kennenlernen, eine bemerkenswerte Frau, die trotz, oder vielleicht auch gerade wegen ihrer Erkrankung sehr direkt war.

Zu dem Zeitpunkt war dieses Buch nur eine vage Idee und ich auf der Suche nach Menschen, die mich kurz vor ihrem Lebensende an ihren Gedanken teilhaben lassen. Charlotte hatte von der Pflegedienstleitung im Hospiz, in dem sie seit einigen Wochen wohnte, davon gehört und war angetan von der Idee, mich zu treffen.

Ich wollte etwas über ihre Vorstellung des Sterbens und von ihren Wünschen erfahren und besuchte sie. Sie lag im Bett, ihr Körper war sehr schmal, ihr Haar auffallend üppig. Während ihrem Gesicht die Krankheit deutlich anzusehen war, sah ihre Frisur aus, als ob sie sich gerade für einen besonderen Anlass hübsch gemacht hätte. Ab dem Moment, in dem ich die Tür öffnete, begann sie zu sprechen.

„Ich werde bald sterben. Und ich möchte, dass Sie mich begleiten." Auch nach vielen Jahren, in denen ich in der Hospizbegleitung tätig bin, gibt es immer wieder Momente und Menschen, die mich überraschen. Und Charlotte gehörte eindeutig dazu. Eine sehr erfahrene Kollegin aus der Hospizbewegung besuchte sie bereits regelmäßig. Charlotte wusste genau, was sie wollte, und jetzt wollte sie mich. Sie fand den Austausch mit der Kollegin wunderbar und bereichernd. Mit mir wollte sie sprechen, mir von ihren Gedichten, Geschichten und Bildern erzählen. „Ich wollte immer mal das Meer zu sehen. Und es war Liebe auf den ersten Blick."

Sie erzählte von ihrer Ehe und ihren außergewöhnlichen Tätigkeiten. *„Ich werde mal Ausdenkerin,* habe ich als Kind gesagt. Und so ähnlich ist es auch gewesen." Es gab nur wenige Treffen, bevor ihr Zustand sich rapide verschlechterte. Als ihr Sohn mich bat, zur Beisetzung zu kommen, sagte ich gerne zu. Es war eine feierliche Atmosphäre – und eine ganz besondere Zusammensetzung der Trauergesellschaft. Der evangelische Pastor, der für die verstorbene Katholikin die Trauerrede hielt, die mit dem Sohn befreundeten Mormonen, die ihn begleiteten, die elfengleiche Freundin, die sang.

Die kleine Trauergemeinde war ergriffen, als die glockenhelle Stimme mit dem „Ave Maria" die gesamte Kirche erfüllte. Während der letzten Töne beugte sich ihr Sohn zu mir hinüber und sagte: „Eigentlich wollte Mama ja, dass bei ihrer Beerdigung *Tanze Samba mit mir* gespielt wird!" Einer von Charlottes letzten Wünschen. Und so kam es, dass wir auf dem Weg zur Grabstelle, sehr ambitioniert und ziemlich falsch, leise einen Schlager aus den 1970er Jahren gesummt haben.

Die Idee zu diesem Buch war durch meine Tätigkeit in der Hospizarbeit entstanden. Die Gespräche mit Menschen am Lebensende hatten mich oft berührt und beeindruckt. Ich wollte erfahren, was am Ende eines Lebens zählt, was wichtig ist – mit dem Wissen um das eigene Sterben. Ich habe mit jungen, älteren und alten Menschen gesprochen, über das, was gut gelaufen war in ihrem Leben. Und über das, was sie bereuten, das, was nicht geklärt werden konnte.

So unterschiedlich die Aussagen und Erlebnisse waren, ähnelten sie sich in einigen Punkten fast immer: Es wurden selten getroffene Entscheidungen bereut, auch wenn sie sich im Nachhinein als nicht so clever herausstellten. Viel schwieriger war der Umgang mit den unerfüllten Wünschen. Der heimlichen Liebe, der nie die wahren Gefühle gestanden wurden. Die Reisen, die nicht stattgefunden hatten. Die Zeit, die nicht mit den Kindern verbracht wurde. Die ganzen „Ach, irgendwann möchte ich mal …", die sich im Laufe der Jahre so ansammeln und in Vergessenheit geraten, scheinen am Ende des Lebens sichtbar zu werden.

In Gesprächen habe ich oft gesagt: „Mir hat noch niemand auf dem Sterbebett gesagt *Schade! Ich hätte wirklich gerne mehr Zeit im Büro verbracht.*" Und auch, wenn ich in der

Zwischenzeit jemanden kennengelernt habe, bei dem ich es mir vorstellen kann, ist das vermutlich eher die Ausnahme. Im Mittelpunkt stehen primär Menschen und Begegnungen.

Der Umgang mit schwerstkranken und sterbenden Personen hat sich in den letzten Jahren positiv verändert. Eine größere Zahl von Hospizplätzen und eine professionelle Begleitung durch haupt- und ehrenamtliche Mitarbeitende ermöglicht in vielen Fällen eine hohe Lebensqualität am Lebensende. Abgesehen von der medizinischen und psychosozialen Versorgung stehen immer häufiger letzte Wünsche im Fokus. Durch Projekte wie den Wünschewagen des Arbeiter-Samariter-Bundes (ASB) oder durch ambulante Hospizdienste können individuelle Träume erfüllt werden.

So unterschiedlich, wie das Leben der Menschen ist, so ist auch das Sterben. In diesem Buch möchte ich Sie an letzten Gesprächen und Ausflügen teilhaben lassen, die ich als Begleiterin erlebt habe. Es gab große Wünsche, kleine Wünsche – und solche, die nicht mehr erfüllt werden konnten.

Ihnen wünsche ich, dass dieses Buch Sie ermutigt, über das, was wertvoll und bedeutend ist, nachzudenken, Ihre Wünsche zu erfüllen, so lange es möglich ist, und den Menschen, die Ihnen wichtig sind, zu sagen, wie viel sie Ihnen bedeuten.

Ihre Tinka Beller

Ein kleiner Wunsch

Im Hospiz eine Zimmertür zu öffnen, ist ein Moment, den ich immer wieder achtsam erlebe. Diese Erfahrung habe ich bereits vor vielen Jahren gemacht, als ich ehrenamtlich im Servicedienst tätig war. Zu wissen, dass der Mensch, der hinter dieser Tür lebt, schwerstkrank ist und in den nächsten Tagen oder Wochen sterben wird, unterscheidet diese Begegnungen von allen anderen.

Die Räume im Hospiz sind hell und freundlich eingerichtet. Häufig werden persönliche Möbel, Bilder oder Kleinigkeiten mitgebracht, um das letzte Zimmer zu einem Zuhause zu machen, einem Ort, an dem es etwas Vertrautes gibt. Auf den meisten Nachtschränken stehen Fotos von den Liebsten, seien es Menschen oder Haustiere. Ein Zimmer im Hospiz zu betreten ist ein Eintritt in die Privatsphäre eines Menschen, dem häufig nur dieser kleine Raum geblieben ist.

Ich hatte einen Aushang gemacht, dass ich ein Buch über letzte Wünsche schreiben und mich über Gespräche mit Gästen (die im Hospiz lebenden Personen werden Gäste genannt) oder ihren Zugehörigen freuen würde. Ich hatte es so formuliert, wie ich es mir vorstellte: Ich wünschte mir einen vertrauensvollen Austausch, den ich später in einem Buch veröffentlichen würde. Es gab keinen Interviewleitfaden, nichts, was ich auf jeden Fall hören wollte, mich interessierten die Menschen und das, was sie mitteilen möchten.

Von Jasmin haben mir die Mitarbeitenden erzählt. Von ihrem schweren Sterben, dem „Loslassen", das nicht zu gelingen scheint. Weil es so viel gibt, was sie hier hält. Wenn Menschen, wie das Team im Hospiz, das tagtäglich mit Sterbenden umgeht, so berührt von einem Gast berichten, ist das ein Indiz dafür, dass es außergewöhnliche Umstände sind.

Als ich das Zimmer betrete und das Bett sehe, bin ich irritiert. Laut Aussage des Teams ist Jasmin Anfang 30. So klein und zierlich, wie sie dort liegt, sieht sie aus wie ein Kind. Das Gesicht ist unter der orangen Mütze, die ihren beinahe haarlosen Kopf bedeckt, kaum zu sehen. Ich muss an eine Babypuppe denken, während ich sie leise anspreche. Alles an ihr ist zart und wirkt zerbrechlich, die Hand, die sie mir zur Begrüßung reicht, verschwindet fast in meiner. Ich komme mir neben ihr groß und laut vor.

Ich befürchte, dass ein Gespräch sie überfordert. Mit ihren blauen Augen guckt Jasmin mich lange und ernst an. Doch, sie möchte gerne mit mir sprechen. Über das, was gelingen durfte in diesem jungen Leben. Und das, was nicht so gelungen ist, woraus sie – nach eigener Aussage – lernen durfte. Ich merke trotz meiner Erfahrung, dass ich unsicher bin und nicht weiß, wie ich das Gespräch beginnen soll. Ich bitte Jasmin, das zu erzählen, was ihr wichtig ist. Mit rührendem Eifer und dem erkennbaren Wunsch, alles richtig zu machen, beginnt sie zu sprechen.

Die Diagnose liegt zu diesem Zeitpunkt fünf Jahre zurück, mit Mitte zwanzig wurde ihr Leben auf den Kopf gestellt.

„Ich habe 2014 an der linken Brust etwas gespürt, gleich am nächsten Tag hat mir der Arzt bestätigt, dass da drei Knoten sind. Es war relativ schnell klar, dass sie bösartig sind und operiert werden mussten. Ich war früher Arzthelferin, ein bisschen konnte ich mir schon vorstellen, was das bedeutet. Es war ein ziemlicher Eingriff, direkt nach der OP kam die Chemotherapie, das war schon ziemlich hart. Besonders, weil meine drei Kinder damals noch so jung waren.

Ich hatte ihnen erklärt, dass ich gerade nicht so viel tun konnte, aber sie waren noch so klein, die Jüngste erst knapp zwei Jahre alt. Für meinen Partner war es auch schwierig, wenn es mir so schlecht ging. Am Anfang konnte er da gar nicht drüber reden. Manchmal hatte ich das Gefühl, ich habe meine drei Kinder – und dazu noch ein großes Kind."

Jasmin hustet viel, ich frage mehrmals, ob sie das Gespräch abbrechen will, aber es ist ihr ein Bedürfnis, sich mitzuteilen. „Wir müssen jetzt Dinge klären. Früher hat mein Partner immer gesagt ‚Später, später', aber das geht jetzt nicht mehr." Jasmin spricht über die erste Zeit der Krankheit, die Reaktion ihrer Kinder, als sie ihre langen Haare büschelweise verlor, noch schmaler wurde. Von ihrer Arbeit, die sie trotz der gesundheitlichen Probleme wieder aufgenommen hat. „Das ging ein halbes Jahr lang gut, dann bekam ich diesen Husten. Mein Hausarzt hat erst ein bisschen rumprobiert, aber als ich dann beim Onkologen war, war klar, dass der Krebs gestreut hatte. Dann ging es wieder von vorne los, OP, Chemo, das ganze Theater. Einmal ging es mir wirklich schlecht, da bin ich mit dem Taxi ins Krankenhaus gefahren.

Mein Freund ist bei den Kindern geblieben, die konnten ja nicht alleine bleiben. Es war eine Lungenblutung, das war erst gar nicht erkannt worden. Mein Partner besuchte mich gleich am nächsten Tag. Da hatte er auch gemerkt, dass es etwas Ernstes war. Ich glaube, das war ihm vorher gar nicht so klar."

Jasmin spricht leise und gefasst. Nein, eine Hilfe sei ihr Partner ihr nicht gewesen, aber das wäre ok. Sie ist voller Verständnis für ihren Freund, spricht liebevoll und ohne erkennbaren Groll von seinem Verhalten, aus dem deutlich wird, dass es keine Unterstützung für sie gab. In der Ausbildung zur Sterbebegleiterin habe ich gelernt, nicht über das zu urteilen, was ich höre. Das gelingt meistens ganz gut. Heute fällt es mir schwer, ihre Worte nicht zu kommentieren. Ruhig berichtet Jasmin von der Behandlung und den Folgen.

„Es hat danach lange gedauert, bis ich wieder auf den Füßen war. Ich habe künstliche Ernährung bekommen, weil ich gar nichts essen konnte. Die Nahrung war in einem Rucksack verstaut, damit ich mich bewegen konnte. Ich sah aus, als ob ich wandern gehen wollte, wenn ich über den Krankenhausflur schlich."

Jasmin lächelt und ich erkenne für einen kurzen Augenblick die junge Frau, die sie tatsächlich ist.

„Und dann, als ich dachte, dass es wieder besser geht, kam die nächste Nachricht. Es hatten sich Fisteln gebildet von den Bronchien aus, das sah aus, als ob ich einen Ballon im Oberkörper hätte." Jasmin spricht sehr leise, es ist ihr anzusehen, dass sie erschöpft ist, aber sie erzählt weiter. Von dem Herz, das fast ungeschützt im Brustkorb lag und von außen bei jedem Schlag zu sehen war. Von den Versuchen, ihren Oberkörper zu schützen, und ihrer großen Sorge, zu fallen.

„Meine Kinder geben mir Kraft, für sie kämpfe ich. Sie sind damit aufgewachsen, dass ich krank bin. Für sie gehören meine Perücke und die Brustprothese dazu, mein Kleine probiert immer aus, wie sie damit aussieht. Die kennen es ja gar nicht anders. Und ich hatte ja auch immer die Hoffnung, dass es wieder gut wird."

Während wir sprechen, kommt die Servicekraft und fragt nach den Wünschen für das Mittagessen. Es ist Jasmin anzumerken, dass sie diese kleinen Aufmerksamkeiten genießt, sie bedankt sich freundlich.

Es hatte dramatische Situationen gegeben, lebensbedrohliche Blutungen und Notoperationen bei denen nicht klar war, ob sie überleben würde.

„Und dann hat die Ärztin gefragt, ob ich noch ein paar letzte Worte für meine Angehörigen sagen wollte. ‚Aber nicht jetzt, und nicht heute‘, habe ich gesagt. Ich hatte das Gefühl, dass das noch nicht meine Zeit war. Aber danach habe ich immer Angst gehabt, dass wieder so etwas passiert. Vom Krankenhaus aus bin ich direkt hierher gekommen. Und hier bin ich jetzt."

Ich bin berührt von ihren Erzählungen, ihrer Sanftmut, mit der sie über ihre Familie spricht, der Ruhe, mit der sie die Erlebnisse der letzten Jahre schildert.

„Das Eingewöhnen hier ist mir schwergefallen, besonders wegen meiner Kinder. Ich weiß ja, wie anstrengend das sein kann mit den drei. Und es gibt so viel zu organisieren, ich habe mich ja immer um alles gekümmert, auch um die ganzen Papiere. Mein Partner sagt immer: ‚Was soll ich denn noch alles machen, wo soll ich denn noch überall hin?‘, aber das ist jetzt so, das können wir gar nicht ändern."

Jasmin, diese zarte Person, eine Handvoll Mensch, kümmert sich vom Hospiz aus um die Stromrechnung, das Kindergeld und die Betreuung ihrer Kinder. Sie erzählt, wie sie versucht, Wichtiges zu klären und zu organisieren. „Mir fehlte hier am Anfang auch eine Aufgabe, es wird ja alles für mich gemacht. Jetzt bin ich gerade dabei, das hier wieder in den Griff zu kriegen, auch mit Physiotherapie und so, damit ich wieder etwas mobiler werde. Meine Mutter hilft mir, das ist sehr gut. Ich bin Einzelkind, da bin ich froh, dass sie sich kümmern kann. Sie hat z. B. Bankvollmachen, damit für die Kinder alles geklärt ist."

Mir ist nicht klar, wie Jasmin ihre eigene Lebenserwartung einschätzt. In einigen Situationen klingt sie hoffnungsvoll und zuversichtlich, dass es zu einer Besserung kommt. Im nächsten Moment ist sie ganz klar und realistisch: „Ich habe mir das hier auch alles noch mal erklären lassen, also, wie es um mich steht. Das habe ich im Krankenhaus gar nicht so richtig verstanden. Jetzt gibt es wirklich nichts mehr, was hilft. Das macht schon Angst. Ich habe immer gefragt, ob es noch was gibt, was man machen kann. Aber nee, kann man nicht. Muss man akzeptieren. Das ist schon ok."

Ich atme ein paar Mal tief ein und aus. Eine der wichtigsten Fähigkeiten in der Sterbebegleitung ist es, Stille auszuhalten. Keine Floskeln wie: „Ach, das wird schon!" oder „Vielleicht gibt es ja noch eine Behandlungsmöglichkeit, von der Sie nichts wissen?" um Zuversicht zu zeigen, um das eigene Unvermögen zu vertuschen. Diese Stille ist wichtig. Und manchmal sehr, sehr schwer zu ertragen. Ich würde gerne etwas Tröstliches sagen. In einer Situation, in der es keinen Trost geben kann, sprechen wir nach ein paar Augenblicken der Stille über Lebenszeit und Lebensqualität.

Mit dem Wunsch, dass Jasmin und ihre Kinder noch eine gute Zeit miteinander haben, etwas, an das sie sich erinnern können, erzähle ich ihr vom Wünschewagen.

Das ist eine wundervolle Möglichkeit für sie und ihre Familie, einen außergewöhnlichen Tag miteinander zu verbringen. Im Tierpark, bei einem Konzert oder an einem schönen Ort. Ich schildere die bisherigen Ausflüge, von denen ich weiß, in den buntesten Farben. Die Möglichkeit, Jasmin und ihrer Familie einen letzten, gemeinsamen Tag zu ermöglichen, freut mich. Ich erkläre die Rahmenbedingungen, wie so eine Fahrt organisiert wird und dass keine Kosten für sie entstehen. Sie könnte sich etwas Großartiges wünschen, etwas, was sie sich vielleicht sonst nicht trauen würde. Wir würden Fotos machen, damit ihre Kinder eine Erinnerung an den Tag haben, vielleicht gemeinsam ein Album erstellen. Ich kenne Berichte von Musicals, Ausflügen und sogar von einem Fallschirmsprung. Gespannt warte ich auf Jasmins Wunsch.

„Ich würde gerne zur Herrmannshöhe." Das ist so rührend bescheiden, dass ich noch einmal nachfrage. Wenn alles möglich wäre, sie sich etwas Tolles aussuchen dürfte, was sie gerne mit ihrer Familie erleben würde, sollte es dann dieser relativ unspektakuläre Ort sein? Dieses Ausflugsziel an der Ostsee, das gerade mal 20 Minuten vom Hospiz entfernt ist? Gibt es da etwas, was diesen Ausflug zu etwas Außergewöhnlichem machen könnte? Jasmins kleines Gesicht ist jetzt voller Freude. „Ich möchte meine Kinder bei mir haben. Und, wenn es geht, ein Stück Butterkuchen."

Als ich mich von Jasmin verabschiede, strahlt sie mich an. Es ist Anfang Juli, sommerlich warm, aber nicht heiß, perfekte Bedingungen für unseren Ausflug. Wir verabreden uns für die nächste Woche. In der Zwischenzeit kümmere ich mich um den organisatorischen Teil der Wünschefahrt. Es müssen einige Voraussetzungen erfüllt sein, damit die Fahrt stattfinden kann. Der Wagen muss verfügbar sein, eine weitere, medizinisch ausgebildete Begleitperson Zeit haben und die Transportfähigkeit sichergestellt sein. Es klappt alles prima, das Wünschewagen-Team unterstützt uns perfekt.

Ein weiteres Treffen findet statt, wir besprechen den geplanten Ausflug. Jasmin erzählt mir, wie viel ihr die Nähe zum

Wasser bedeutet. „Ich möchte am liebsten eine Seebestattung, ich mag das sehr gerne, diese Weite. So eingepfercht in einen Sarg, das möchte ich mir nicht vorstellen. Alleine dieses Geräusch, wenn die Erde auf den Sarg geworfen wird, ich mag das nicht. Da finde ich es ein bisschen feiner, nur Blüten hinterher zu werfen." In der Zwischenzeit habe ich ihre Freundinnen kennengelernt, die ebenfalls mitkommen werden. Die Stimmung ist ausgelassen, wir drücken die Daumen für gutes Wetter und überlegen, wie der Ausflug zu einem unvergesslichen Erlebnis werden kann.

Die Fahrt soll in zwei Wochen stattfinden, aber nach Rücksprache mit dem Hospiz wird der Termin vorverlegt, Jasmins Zustand verschlechtert sich. Damit sie und ihre Kinder den Tag genießen können, vereinbaren wir einen Alternativtermin. Mit dem sicheren Gefühl, drei Tage später mit Jasmin, ihren Kindern und den Freundinnen auf die Ostsee zu gucken, fahre ich auf Geschäftsreise.

Der Anruf aus dem Hospiz erreicht mich, als ich gerade aus einem Termin komme, kurz vor dem Rückflug. Jasmin ist gestorben. Die ganze Situation kommt mir total unwirklich vor. Ich stehe mit dem Handy in der Hand minutenlang nur in der Gegend rum. Ihr Wunsch war so bescheiden, so klein, geradezu alltäglich. Ich bin traurig und wütend, setze mich auf den Gehsteig und weine.

Nachtrag: In Absprache mit Jasmin hatte ich unsere Gespräche aufgezeichnet. Während ich schreibe, lasse ich nebenbei mein Handy laufen. Ihre Stimme, die immer ganz warm und weich wurde, wenn sie von ihren Kindern sprach, berührt mich. „Meine kleinste Tochter sagt immer: Ihr müsst nicht traurig sein! Mama bleibt immer unsere Mama! Egal was passiert! Dann ist Mama über uns im Himmel."

Meer geht immer

In der Stadt, in der ich arbeite, findet ein Herbstfest statt. Ich knie vor einem Bottich mit Äpfeln, die im Wasser schwimmen. Wir wollen Apfelsaft produzieren, und meine Aufgabe ist es, die Äpfel zu waschen. Der Boden ist hart, die Position nicht gemütlich, ich versuche, es mir möglichst angenehm zu machen, als mein Telefon klingelt.

Mit nassen Händen klemme ich mir das Handy zwischen Kopf und Schulter und spreche, während ich mich nebenbei um die Äpfel kümmere. Eine ältere Dame, die ebenfalls mit Vorbereitungen beschäftigt ist, lächelt mir zu, wir sind so nahe beieinander, dass sie hört, was ich sage.

Als mein Gespräch beendet ist, schenkt sie mir ein warmherziges Lächeln und sagt: „Ach, ist es nicht wunderschön, so verliebt zu sein?"

Ich lächle zurück. Das, was sie gehört hat, muss für sie so geklungen haben. „Ja, es war ein außergewöhnlich schöner Tag, ich bin immer noch ganz beseelt", „Das war wirklich ein Moment, den ich für immer in meinem Herzen bewahren werde!" und „Ich bin sehr glücklich, dass wir uns kennengelernt haben!" Was sie nicht wusste: Der Ausflug, über den wir beide so begeistert gesprochen haben, war eine Fahrt mit dem Wünschewagen. und mein Gesprächspartner Henry zu diesem Zeitpunkt 88 Jahre alt.

Für Norddeutsche ist die Nähe zum Wasser so normal wie Sand am Meer. Ob Alster, Elbe, Ostsee oder Schlei, das nächste Gewässer ist nie weit und immer einen Besuch wert. Völlig nachvollziehbar, dass viele der Wunschfahrten das Meer zum Ziel haben. Häufig beginnen Wünsche mit dem Satz: „Noch einmal …" Und dann kommen Orte, an die es schöne Erinnerungen gibt.

Insofern war der Wunsch von Henry „Einmal die Fehmarnsundbrücke sehen!" nicht ungewöhnlich. Ungewöhnlich war nur, dass er sie noch nie in seinem Leben mit eigenen Augen gesehen hatte. Es gab noch mehr, was diese Fahrt so außergewöhnlich machte. Denn ich kannte Henry bereits.

Wir hatten uns mehrmals in seinem kleinen Zimmer in dem Lübecker Heim getroffen, in dem er darauf wartete, zu sterben. Nach dem Tod seiner Frau und dem Umzug aus dem eigenen Haus erschien nichts mehr lebenswert. Die Augen waren schlecht, Fernsehen oder Lesen dadurch nahezu unmöglich. Eine wunderbare Abwechslung waren die wöchentlichen Besuche meines Kollegen Lutz von der Hospizbewegung, der regelmäßig zu ihm kam.

Lutz erzählte mir von Henry, als ich nach Menschen suchte, die mit mir über ihre Wünsche sprechen wollten. Henrys größter Wunsch, den er immer wieder erwähnte, war, dass seine Frau ihn endlich erlösen würde. Von dem Leben, das er jetzt führte. Und das so wenig mit ihm und seinen Bedürfnissen zu tun hatte. Henry konnte wundervoll erzählen, von seiner Ehe – und wie sie fast endete, als sie gerade begonnen hatte. Auf dem Weg in die Flitterwochen erlebten seine Frau und er einen schweren Autounfall, statt in den Urlaub ging es für mehrere Monate ins Krankenhaus. Er berichtete von Reisen, dem Haus in Spanien und seinem Beruf. Das hatte nichts mehr mit seinem jetzigen Leben zu tun, mit dem kleinen Zimmer, in dem es kaum Platz für eigene Möbel, Erinnerungsstücke oder Hoffnung gab. Die Freuden des Lebens wurden sehr klein, ein nettes Wort einer Pflegerin, ein gutes Dessert, jemand, der ihm ein paar Minuten zuhörte.

Nach unserem ersten Gespräch hatte ich ihm eine Postkarte geschickt und mich für seine Offenheit bedankt. Er rief mich an, um sich „für diese schöne Überraschung" zu bedanken und mir zu erzählen, dass dies die erste Post war, die er im Heim bekommen hatte. Bei meinem nächsten Besuch zeigte er mir, wo er diesen „Schatz" aufbewahrte und mit welcher Lupe er die wenigen Worte lesen konnte, die ich geschrieben hatte. Es wurde eine schöne Gewohnheit, ihm ab und zu eine Karte zu schicken, meistens, wenn ich in einer anderen Stadt war. Der Text war recht übersichtlich, die Aussage immer „Es gibt jemanden, der gerade an Sie denkt".

Und nun war Henry Fahrgast einer Wünschefahrt. Diese Fahrten sind immer etwas Besonderes. Die Fahrgäste sind schwerstkranke Menschen an ihrem Lebensende, und wir dürfen sie begleiten. Mit dem Wissen, dass dies in den meisten Fällen der letzte Ausflug sein wird und auch ungewöhnliche Wünsche erfüllt werden können, entsteht schnell eine große Nähe zwischen allen Beteiligten. Ich weiß, wie nahe man anderen Menschen in dieser Lebensphase kommen kann. Und wie wichtig es ist, sich emotional nicht zu sehr einzulassen.

Wir sind Begleitende auf einem kurzen Stück eines langen Weges. In der Sterbebegleitung sind es manchmal Wochen oder Monate, bei Wünschefahrten in den meisten Fällen nur ein paar Stunden, in denen wir ganz bei den Sterbenden und manchmal ihren Angehörigen sind.

Henry hatte niemanden, der ihn begleiten könnte. Das ist häufig so, in diesen Momenten sind wir als Ehrenamtliche besonders nah. In diesem Fall ganz besonders, da neben mir und Lutz, den Henry schon aus der Hospizbegleitung kannte, noch Rudolf dabei war. Rudolf ist ein erfahrener Palliativmediziner und Wünscheerfüller. Wir kennen und mögen uns sehr, sind aber das erste Mal gemeinsam bei einer Fahrt dabei.

Wir scherzen mit Henry, was für eine außergewöhnlich kompetente Begleitung er heute hätte, wir wären so was wie das „A-Team". Der Wunsch war berührend unaufgeregt. Nach Niendorf, zum Fischessen am Hafen. Und dann, ganz wichtig, zur Fehmarnsundbrücke. Kaum vorstellbar, aber er kannte die Brücke bisher nur aus einer Reportage. Es war für ihn wichtig, sie einmal mit eigenen Augen zu sehen.

Henry war müde, als wir ins Heim kamen. Die Nacht war kurz gewesen, er lag lange wach, grübelte, an Schlaf war nicht mehr zu denken. Der Wünschewagen ist ein extra ausgestatteter Rettungswagen und sehr komfortabel. Henry könnte sich hinlegen während der Fahrt und ein bisschen ausruhen, aber sobald wir im Wagen saßen, kehrte die Energie zurück.

Nein, er möchte sitzen. Und er möchte, dass ich bei ihm bin. Lutz und Rudolf haben sich unterhalten, Henry und ich die meiste Zeit geschwiegen, aus dem Fenster gesehen und uns über den strahlenden Sonnenschein gefreut. „Wenn Engel reisen ...", sagt Henry lächelnd, und philosophiert ein bisschen über das Leben.

Mit fast 90 Jahren hat er einiges erlebt, Berührendes, Lustiges, Trauriges. Wie den Tod seiner Frau, die er auch nach vielen Jahren noch so unglaublich vermisst, dass er am liebsten bei ihr wäre. „Ich wäre am liebsten tot!" – ganz ruhig sagt er das. Ich bin einen Moment sprachlos, bevor ich sage: „Aber wenn Sie tot sind, können wir doch gar keinen Fisch essen gehen!" Das sieht Henry auch so. Manchmal ist die Antwort ganz einfach.

Niendorf empfängt uns mit spätsommerlichen Temperaturen, wir können draußen sitzen und die Wärme genießen. Nach Scholle und Bier ist Henrys Wunsch zu sterben nicht mehr so präsent wie während der Fahrt.

Er fängt an, jede Sekunde mit allen Sinnen wahrzunehmen, die Abwechslung zum tristen Alltag im Heim, die Sonne auf dem Gesicht und die Zugewandtheit von uns, die wir ihn begleiten. Mit jedem Moment wird er wacher und aufmerksamer, die Frage nach „Sitzen oder Liegen?" stellt sich auf der Fahrt nach Heiligenhafen gar nicht mehr.

In der gleichen Konstellation, Rudolf und Lutz vorne, Henry und ich hinten, haben wir uns auf den zweiten Teil der Reise gemacht. Die Panoramafenster im Wünschewagen ermöglichen einen tollen Blick während der Fahrt. Es ist alles vorhanden, was man für einen Notfall braucht – auch ein Fach mit Süßigkeiten.

Ich lutsche ein Karamellbonbon und weiß im gleichen Moment, dass ich diesen Geschmack für immer mit diesem Tag in Verbindung bringen werde.

Mit dem Wünschewagen ist es oft außergewöhnlich. Da gibt es auf einmal Parkplätze, wo sonst nie etwas frei ist, oder Menschen, die aus fahrenden Autos winken und lächeln. In Heiligenhafen gibt es diesen besonderen Ort, da, wo man dicht ans Wasser fahren kann und einen freien Blick auf die Brücke hat.

Wir sind ausgestiegen und mit dem Rollstuhl ans Ufer gefahren. Henry und ich stehen am Wasser, den Blick auf die Brücke, das Geräusch der Wellen, ein einzelnes, kleines Boot auf dem Wasser. Ich stehe hinter ihm, wenn er den Kopf nach hinten legt, lehnt er sich an mich, wir halten uns an den Händen.

„So sollte es sein. Ich habe mir nie vorgestellt, wie es sein könnte. Aber genau so sollte es sein. Als ob da jemand Regie geführt hat und das alles genau so geplant hat", sagt Henry und fängt an zu weinen. Und ich, erfahrene Sterbebegleiterin, gleich mit.

Es ist schwer, die Intensität dieses Moments zu beschreiben, das tiefe Gefühl von Nähe, das uns, so unterschiedlich wir sind, verbindet. „Diesen Augenblick nehme ich mit nach Drüben!" Henry hält meine Hände fest gedrückt: „Ich möchte diesen Augenblick festhalten. Genauso."

Auf der Fahrt zurück haben wir sehr wenig gesprochen. Ich habe Henry zugedeckt, eingekuschelt wie ein Kind sitzt er im Wagen, immer wieder mit Tränen in den Augen. Es ist schwer, sich nach einer Fahrt von den Fahrgästen, die wir im Normalfall nie wieder sehen, zu verabschieden.

Als wir Henry in sein Zimmer gebracht und ihm den kleinen Teddy aus dem Wünschewagen als Erinnerung auf den Nachtschrank gestellt haben, sagt er: „So, und nun raus mit euch!" Ich glaube, schöner hat noch nie jemand zu mir gesagt: „Danke für diesen Tag, den ich nie vergessen werde!"

Nachtrag: Henry ist in der Zwischenzeit gestorben. Er hat sich immer gewünscht, dass seine Frau kommt und ihn zu sich holt.

You'll never walk alone

„Wenn Engel reisen, lacht der Himmel", heißt es, wenn das Wetter bei Unternehmungen oder Ausflügen außergewöhnlich schön ist.

So ist der Tag, an dem wir Andi mit dem Wünschewagen begleiten wollten, definitiv nicht. Manchmal gibt es Tage, wo alles wunderbar und unkompliziert läuft. So ein Tag ist das auch nicht.

Ein Tag, der damit beginnt, dass um 3 Uhr der Wecker klingelt, erscheint erstmal nicht so wahnsinnig schön. Aber wenn man um 6 Uhr am Treffpunkt sein möchte, um die neue Wünschewagen-Kollegin zu treffen, ist alles gut. Fast gut, weil die Kollegin nicht am erwarteten Ort, sondern auf der Autobahn steht. Mit einem Motorschaden. Fängt nicht so richtig toll an, dieser Tag.

Um eine Fahrt mit dem Wünschewagen durchführen zu können, müssen mindestens zwei qualifizierte Begleitpersonen dabei sein. Viele der Begleitenden sind aus dem Sanitäts- oder Rettungsdienst, vor der Fahrt werden alle extra für diese Aufgabe qualifiziert. Im Vorfeld einer Fahrt gibt es nur wenige Informationen von der Koordinatorin, d. h. eine Art Fahrtenplan mit Informationen zu Fahrgast und Ziel. Es kommt häufig vor, dass die Begleitpersonen sich erst am Treffpunkt kennenlernen, so wie an diesem Tag.

Ein Blick auf den Fahrtenplan machte klar, dass wir viel zu spät waren, als Belinda endlich in Elmshorn ankam und wir losgefahren konnten. Wir wären gerne „losgerast", das funktionierte aber leider nicht, weil der Wünschewagen auf 100 km/h gedrosselt ist. Eine große Herausforderung, gerade auf weiten Fahrten! Dazu an diesem Tag das Gefühl: „Oh Mann, jetzt könnte es aber auch mal besser werden!" Der Himmel hatte wohl noch nicht gemerkt, dass da Engel unterwegs waren: Es regnete die ganze Zeit. Das Hospiz Schloss Bernstoff, in dem wir unseren Fahrgast abholen sollten, liegt sehr idyllisch. So idyllisch, dass der Weg über viele kleine Landstraßen führte. Teilweise so klein, dass wir dem Navi kaum trauen wollten, weil wir das Gefühl hatten, gleich im Nirgendwo zu enden.

Mit dem Wissen, dem Zeitplan schon hinterher zu sein, kamen wir in Bernstorff an – und da ging gefühlt die Sonne auf. Andi saß fix und fertig angezogen im Rollstuhl, Zigarette in der Hand, Eintracht-Braunschweig-Schal umgebunden, eine große Tüte mit Keksen & Co auf dem Tisch. Sein Vertrauen in unsere Verpflegung schien sich in Grenzen zu halten. Er strahlte uns an, als ob er genau auf Belinda und mich gewartet hätte. Wir waren im ähnlichen Alter, obwohl Andi mit seinem jungenhaften Lächeln deutlich jünger wirkte. Wenn wir uns nicht im Hospiz getroffen hätten, hätte man denken können, dass es ein Ausflug von Freundinnen ist, die mit einem Kumpel etwas unternehmen wollen.

Das war das erste von vielen Malen an diesem Tag, an dem ich das Gefühl hatte, der richtige Mensch am richtigen Ort zu sein.

In diesem Moment hatte ich bereits vergessen, dass wir uns fünf Minuten vorher noch gar nicht gekannt hatten. Andi hatte uns mit seiner Freude und seiner Lässigkeit sofort angesteckt. Alles, was an diesem Tag bis dahin nicht so gut funktioniert hatte, war total egal. So, als ob das mit dem Schutzengel erst ab diesem Moment lief.

Wir hatten eine längere Fahrt vor uns, und Andi musste liegen. Es war eine Herausforderung, ihn vom Rollstuhl auf die Trage zu bewegen. Bei aller Technik war es anstrengend. Da ich nicht aus einem medizinischen Beruf komme, ist es bei der ersten Begegnung immer wieder ein Moment hoher Konzentration. Andi war so locker, dass er es uns leicht machte, ihm auch körperlich nahe zu kommen.

Das ist ein Aspekt, der häufig bei Begleitungen oder Wünschefahrten übersehen wird: Uns, den Begleitpersonen wird Anerkennung dafür entgegengebracht, dass wir unsere Freizeit damit verbringen, andere Menschen bei der Erfüllung eines Wunsches zu begleiten. Das ist schön und ich freue mich aufrichtig über jedes nette Wort, das ich deswegen höre.

Aber: Zu jedem „Geben" gehört ein „Nehmen" – und das ist manchmal gar nicht so einfach. Wir, bis zu diesem Zeitpunkt Fremde, sind in privaten Momenten dabei, in Situationen, die für die Beteiligten, unsere Fahrgäste und ihre Familien, häufig das letzte Zusammensein bedeuten. Andi war ein absolutes Vorbild, etwas mit Begeisterung anzunehmen und uns daran teilhaben zu lassen.

Nachdem wir alles und jeden im Wagen hatten, ging es zum nächsten Zwischenstopp. Nancy, eine enge Freundin von Andi, wollte ihn auf der Fahrt begleiten.

Das frühe Aufstehen machte sich bemerkbar, ich brauchte Kaffee, Andi wollte Cheeseburger und Schokomilchshake. Kurzer Halt im McDrive – und endlich „mit Vollgas" in Richtung Stadion, unserem heutigen Ziel. Andi, Nancy und Belinda hatten im hinteren Teil des Wagens eine gute Zeit. Es gab Getränke, Schoki und Musik, wie bei einem Schulausflug. Belinda probierte die verschiedenen Möglichkeiten zur Beleuchtung aus – im Rückspiegel sah es fast aus wie in einem coolen Club. Ich fuhr, die Atmosphäre während der Fahrt war fröhlich und warmherzig.

Vermutlich lag es nicht an meinen Fahrkünsten, aber wir kamen pünktlich im Stadion an. Und alles, was so eckig anfing, fügte sich ganz wunderbar. Christian, Freund und Organisator, stand mit einem Teil der Familie schon am Tor des Stadioneingangs und erwartete uns. Der Parkplatz, auf den wir fahren sollten, hieß „Wahre Liebe". Treffender kann man das, was wir in den nächsten Stunden miterleben durften, kaum beschreiben. Während Andi in den Rollstuhl umgesetzt wurde und ich den Wünschewagen parkte, fing es ein bisschen an zu nieseln. Einer der Parkplatzwächter kam mit einem Regenschirm, den er über Andi hielt. Und ich war ziemlich berührt von diesem Bild.

Christian hatte sich um die Karten für das Fußballspiel gekümmert, es war zunächst nicht klar, ob Belinda und ich ebenfalls mit dort sitzen konnten. Der Mann, der am Imbisswagen Pommes und Kaffee verkaufte, bot uns an, dass wir zu ihm kommen konnten, falls es nicht klappte. Ein sehr nettes Angebot, aber dann klärte sich, dass wir gemeinsam mit der Familie auf der Tribüne sitzen konnten.

Wir hatten fantastische Plätze, und auch, wenn ich bis zu diesem Zeitpunkt nicht mal wusste, dass der Verein existiert, war total klar, dass Braunschweig die bessere Mannschaft war. Deutlich besser. Das zeigte sich leider nicht im Ergebnis– aber wir waren uns alle einig, dass das am Schiri lag. Fußball verbindet.

Dank der herzlichen und großzügigen Unterstützung der Eintracht Braunschweig Stiftung gab es für Andi ein von allen Spielern unterschriebenes Trikot, das er gleich anzog. Das passende Outfit, um im VIP-Bereich des Stadions ein bisschen zu feiern. Andi, mit seinem coolen Dress, im Rollstuhl sitzend, immer im Mittelpunkt. Auf der Fahrt hatten wir ein bisschen miteinander gesprochen, über seine Familie, die Kinder, die bei der getrenntlebenden Ehefrau wohnten. Es war spürbar, wie nahe ihm das ging. Vielleicht war es deshalb so berührend, ihn zu sehen.

Wann immer ich Andi sah, stand jemand bei, neben oder hinter ihm. Eine Hand, die ihn an der Schulter berührte, ein Arm, der locker um ihn gelegt wurde. Und immer Blicke voller Wärme, Freundschaft und Zuneigung für diesen wunderbaren Menschen. Die Familie, die an diesem Tag so beeindruckend stark war, die Freunde, die sich abwechselten,

Andis Wünsche zu erfüllen (die meisten handelten vom Essen …) und Andi, der uns alle mit seiner Freude angesteckt hatte. Ich habe selten jemanden erlebt, der mit wenig Worten so viel an- und berühren kann.

Es gibt unzählige Fotos von diesem Tag. Und es ist gut, dass es sie gibt. Denn auf allen ist zu sehen, wie schön diese Stunden waren, wie viel Freude und Liebe bei aller Trauer um das Wissen um Andis gesundheitlichen Zustand möglich war. Denen, die dabei gewesen sind, werden die Fotos immer zeigen, dass sie etwas Wundervolles geschafft haben, viel mehr als das Organisieren dieser Fahrt.

Aufgrund meiner Erfahrung weiß ich, dass es immer ein bisschen Distanz braucht, um Menschen begleiten zu können. Auch und besonders bei Wünschefahrten. Und trotzdem gab es diese Momente, die mich extrem berührt hatten. Als Nancy von einem Gespräch mit Andi berichtete. Jetzt, mit der Krankheit, wüsste er, wer seine wirklichen Freunde seien.

Und Nancy, die mit Tränen in den Augen sagte: „Also, das hättest du wirklich einfacher haben können. Du hättest doch einfach fragen können …"

Der Moment, als im Stadion die letzte Runde bestellt und allen bewusst wurde, dass der Abend bald enden würde. Als wir gehen mussten, wurde „Gute Nacht, Freunde" gespielt. Niemand mochte wirklich gehen, wir standen zusammen und machten weitere Fotos vor dem Banner „You'll never walk alone". Uns allen war bewusst, dass wir mit Andi zurück ins Hospiz fahren würden, und dass es für ihn der letzte Ausflug dieser Art sein würde.

Als wir Andi vom Rollstuhl zurück auf die Trage gehievt hatten, fühlte es sich schon vertraut und normal an. Andi, Nancy und Belinda wurden wieder im Wagen verteilt. Und es sind diese Momente, die ich nicht beschreiben kann. Nach dieser empfundenen Nähe, der oft geäußerten Dankbarkeit der Familie und Freunde, die gedrückten Hände und die festen Umarmungen. Nach diesen Stunden in den Wagen zu steigen und loszufahren war der Moment, der mir persönlich so schwerfiel, dass ich auch jetzt nicht die richtigen Worte dafür finde.

Die Stimmung auf der Rückfahrt war ruhig. Wir waren alle mit unseren Eindrücken beschäftigt. Kurze Tank- und Rauchpause, noch einen Kaffee, und dann waren wir wirklich irgendwann wieder in Bernstorff. Es war Nancys Wunsch, Andi mit uns zusammen zurückzubringen. Vermutlich übertrafen wir mit unserer Fahrerei an diesem Tag die CO2-Bilanz eines kleinen Staates, trotzdem war es total klar, dass wir das so machen würden.

Andi hatte an dem Tag mit Sicherheit die meisten Frauen um sich, von zweien wurde er abgeholt, von dreien zurückgebracht. Die Nachtschicht im Hospiz lächelte ein bisschen, als wir kamen. Es war spät, wir waren alle total kaputt, müde und aufgewühlt. Ein „coffee to go" vom Pfleger aus dem Hospiz, letzte Umarmungen und zurück in den Wünschewagen.

Ab und zu ein fassungsloser Blick auf die Uhr, Belinda und ich würden fast 24 Stunden unterwegs gewesen sein, bevor wir wieder zu Hause ankommen. Verabschiedung Nancy, Rückfahrt nach Elmshorn, den Wagen zurückbringen. In die eigenen Autos steigen und nach Hause fahren. Mit dieser Mischung aus unglaublicher Müdigkeit, Emotionen und Dankbarkeit, Teil dieses Tages gewesen sein zu dürfen.

Am nächsten Tag eine Nachricht der Eltern an alle, die beteiligt waren. So berührend, dass ich nicht mehr dazu sagen möchte. Reinhard Mey singt in dem Lied: „Was ich noch zu sagen hätte, dauert eine Zigarette und ein letztes Glas im Stehen…" Ich werde bei diesem Lied jetzt immer an Andi und alle, die dabei waren, denken. Daran, dass es manchmal auch eine Zigarette im Liegen sein kann. Und, dass manchmal gar nichts gesagt werden muss, weil es einfach keine Worte gibt.

Nachtrag: Ich begleite Menschen, die in den meisten Fällen nur noch eine kurze Lebenserwartung haben. Das bedeutet immer das Wissen, dass die gemeinsame Zeit endlich ist.

Andi und ich hatten Telefonnummern getauscht. Eine kurze Nachricht von ihm, das Schreiben wurde schwierig. Eine etwas ausführlichere Antwort von mir und der Vorsatz, mich später noch einmal in Ruhe zu melden.

Der Beitrag über die Wünschefahrt mit Andi wurde auf Facebook gepostet, kurz darauf entdeckte ich per Zufall, dass er in einem Online-Magazin veröffentlicht wurde. Ganz klar, dass ich ihm eine Nachricht schreiben würde, dass er es mit seinem Wunsch zu einer gewissen Berühmtheit gebracht hatte. Und ihm zu sagen, dass die Erinnerungen an die gemeinsame Fahrt noch total präsent waren. Ich konnte mir vorstellen, wie lässig er das kommentieren würde, vielleicht einen Scherz darüber machen, wie gut er aussehen würde, so, wie am Tag der Wünschefahrt.

Für mich war es ein normaler Tag, Arbeit, Alltag, ein Tag wie so viele andere. Ich erinnere mich gar nicht mehr genau, was ich gemacht habe. Nur an die Nachricht seines Freundes Christian, dass es Andi sehr schlecht gehen würde. Er starb, umgeben von Menschen, die ihm wichtig waren, ohne zu erfahren, dass es über unsere gemeinsame Fahrt einen so schönen Bericht gab. Weil ich davon ausgegangen war, dass ich das später machen könnte, vielleicht abends. Oder am nächsten Tag. Ohne daran zu denken, dass es vielleicht keinen nächsten Tag geben würde.

Als ich mit der Hospiz- bzw. Sterbebegleitung begonnen hatte, ging ich davon aus, den Sinn des Lebens verstanden zu haben, jetzt, nachdem ich in den Bereich zwischen Leben und Tod sehen durfte. In meiner Vorstellung wäre ich jeden Tag dankbar über all das Schöne. Mir nahestehenden Menschen würde ich natürlich sagen bzw. zeigen, wie viel sie mir bedeuten. So viel zur Theorie.

Ich bin immer noch dankbar für jede Begegnung und jede Erfahrung, die ich mit dem Wünschewagen und der Sterbebegleitung machen darf. Es gibt für mich nichts Vergleichbares, was mich so beeindruckt und in einem positiven Sinne demütig sein lässt. Und ich habe wieder einmal festgestellt, dass das mit der Erleuchtung doch nicht so einfach ist, wie ich dachte.

Wünschefahrt Mehlbüddel

Wünschefahrten sind individuell. Je nach Fahrgast und Ziel kann eine Fahrt eher emotional, aufregend oder besinnlich sein. Es ist im Vorfeld nie klar, wie so ein Tag wird. Für uns Begleitende ist es immer wieder spannend, was für Wünsche wir erfüllen dürfen. Manuela und Helmut, die ich am Wünschewagen treffe, sind ein eingespieltes Team, sie sind schon mehrmals miteinander unterwegs gewesen, ich bin „die Neue".

Erster Eindruck: Super nett, sehr freundlich und professionell, das wird eine schöne Fahrt! Die beiden dämpfen meine Euphorie etwas: Die Informationen über unseren Fahrgast Johanna klingen nicht gerade hoffnungsvoll. Die Erkrankung scheint bereits extrem einschränkend zu sein. Die beiden Profis sind Rettungssanitäter und Intensiv-Kinderkrankenschwester, sie beschließen, dass wir vor Ort entscheiden, wenn wir Johanna gesehen haben.

Johannas Wunsch ist es, ihr Elternhaus zu sehen, das Familiengrab zu besuchen – und in einem Restaurant in Meldorf „Mehlbüddel" zu essen (für die Nicht-Norddeutschen: „Mehl-Beutel"). Ich habe keine Ahnung, was sich hinter dem Essenswunsch verbirgt und bin irritiert. Manuela und Helmut sind irritiert, dass ich es als Hamburgerin nicht kenne. Ich bin noch irritierter über das, was sie mir erzählen (und es wird dann in der Realität

noch viel eigenartiger sein, als das, was sie mir erzählt haben
…).

Ankunft am Pflegeheim in Niebüll und die erste Überraschung des Tages: Johanna und ihr Empfangskomitee stehen bei strahlendem Sonnenschein vor dem Eingangsbereich. Sie begrüßen uns wie nette Gäste, auf die sich alle gefreut haben. Entgegen aller Befürchtungen bezüglich ihres Gesundheitszustands macht Johanna einen wunderbaren, fröhlichen und fitten Eindruck. Sie ist sehr zierlich und schmal. Helmut, ein großer, gestandener Mann, könnte sie vermutlich locker in den Wagen heben. Aber nein, sie geht selbstständig, gestützt von ihm und Manuela, und mit großer Freude und Würde zu ihrem Sitzplatz im Wünschewagen.

Unsere Fahrt kann losgehen, wir bekommen eine Tüte Schokobonbons auf den Weg und steigen ein. Ich darf Johanna auf der Fahrt im hinteren Teil des Wagens begleiten und ein bisschen kennenlernen, während Helmut und Manuela vorne sitzen und uns Richtung Meldorf fahren. Fast wie bei einem Familienausflug. Ich höre Manuela und Helmut vorne reden, während ich Johanna ein bisschen genauer betrachte. Sie ist eine zarte Person, für den heutigen Anlass schick angezogen, sie lächelt und wir haben sofort einen guten Kontakt zueinander. Sie verfällt schnell in ein vertrautes „Du" und wir sprechen über die Vergangenheit. Ich bin immer wieder fasziniert von der Nähe, die bei diesen Fahrten entstehen kann. Als sie Johanna in den Wagen begleiten, sagen Manuela und Helmut: „Wir sind heute hier, um Sie zu verwöhnen!" Johanna lässt keinen Zweifel daran, wie gut es ihr gefällt, so „begöscht", d. h. verwöhnt zu werden. Sie guckt viel aus dem Fenster, erkennt jede Ortschaft und ist absolut orientiert. Ich habe am Vortag mein Auto im Parkhaus nicht wiedergefunden, weil ich so orientierungslos bin und entsprechend beeindruckt. In vielen Ortschaften gibt es Gaststätten, in denen sie schon zum Essen war. Sie gibt mir Tipps, wohin ich mal gehen sollte und sagt immer wieder, wie schön sie es mit uns findet.

Wie sie ihren Mann kennengelernt hat, frage ich sie. Und Johanna, 88 Jahre, kichert, als sie mir davon erzählt, wie das damals war, im Tanzlokal in Dithmarschen. Er war ein guter Tänzer, ihr Mann Georg. Und gutaussehend. Wir sind uns spontan einig, dass man so ein Exemplar am besten gut festhält, attraktive Männer, die tanzen können und mögen, das ist schon etwas Besonderes. Vielleicht hat deswegen die Ehe über 60 Jahre gehalten, bevor Georg vor einigen Jahren verstarb. Lieblingstänze hatte sie nicht, sagt Johanna, sie hat zu allem gerne getanzt, die Musik war ja damals ganz anders.

Ich erwähne ein paar Titel, die mir aus der Zeit bekannt sind und plötzlich, ich weiß nicht genau, wie es dazu gekommen ist, singen wir. Sehr laut, sehr fröhlich – und sehr falsch. Also ich. Johanna ist relativ textsicher und kann die Töne halten, ich habe einige Lücken bei „Das machen nur die Beine von Dolores", kann aber dafür bei „Auf der Reeperbahn nachts um halb eins" gut mithalten. Nicht schön, aber laut. Meine Befürchtungen, dass Manuela und Helmut uns an der nächsten Ecke stehen lassen, wenn wir nicht aufhören, sind unbegründet. Der Fahrtlärm und die offenen

Fenster sorgen dafür, dass wir uns ungestört und mehr oder weniger erfolgreich durch unser Schlager-Repertoire singen bzw. murmeln können. Wir sind uns einig, dass Hans Albers ein sehr hübscher Mann und wunderbarer Sänger war, als wir unser erstes Ziel erreichen. Johanna hat viele Ideen für weitere Ausflüge und lächelt mich an, als sie davon erzählt, welche Restaurants wir als nächstes besuchen könnten.

Im Hotel „Zur Linde" in Meldorf war ein Tisch für uns reserviert – und ich bekam Nachhilfe in Sachen „Mehlbüddel". Als Johanna mir davon erzählte, klang es am Anfang recht harmlos. Ein Teig mit Rosinen, dazu Backpflaumen oder Kirschkompott und Zimt und Zucker. Als die Rede auf „Schweinebacke, Kasseler und Speck" kam, konnte ich mir beim besten Willen nicht vorstellen, dass es sich wirklich noch um das gleiche Gericht handeln sollte, aber genau so war es.

Zusätzlich gab es flüssige Butter, Senf und Kartoffeln – es wird mir für immer ein Rätsel bleiben, in welcher Kombination das gegessen wird. Johanna war absolut selig, als die Kellnerin die verschiedenen Teller und Schüsseln auf den Tisch stellte.

Ein weiteres Rätsel war, wie so viel von diesem üppigen Essen in diese zarte, schmale Frau passte, es blieb kaum etwas übrig. Das, was beim besten Willen nicht mehr zu schaffen war, wurde von der freundlichen Bedienung eingepackt. „Das esse ich morgen! Die anderen werden ganz schön neidisch sein", sagte Johanna, und vielleicht hatte sie recht.

Als Helmut die Rechnung bezahlte, bedankte sie sich freundlich, stellte aber gleich klar: „Ich habe auch 100 Mark dabei, ich hätte auch zahlen können." Kein Zweifel, aber es gehörte ja dazu, dass der begleiteten Person keine Kosten entstehen, wir waren ja da, um Wünsche zu erfüllen. Nach dem Erinnerungsfoto vor dem Restaurant rollten wir mehr oder weniger zurück zum Wünschewagen.

Manuela und ich hatten zwar keinen „Mehlbüddel" gegessen, fühlten uns aber trotzdem kugelrund. Der gut verpackte Teller mit dem restlichen Essen wurde genauso transportsicher im Wagen untergebracht wie Johanna. Helmut schnallte ihn ganz pragmatisch an, damit wir ihn nicht während der Fahrt festhalten mussten. Ich war mir gar nicht sicher, ob Johanna ihn mir anvertraut hätte – sie hatte keinen Zweifel daran gelassen, dass sie diesen Schatz nicht teilen würde. Die Gefahr, dass ich davon etwas gegessen hätte, wäre relativ gering, aber sicher ist sicher …

Die Fahrt von Meldorf nach Süderhastedt dauerte nur ein paar Minuten. Johanna schwelgte in Erinnerungen und kommentierte das, was sie auf dem Weg sah. Der erste Stopp: das ehemalige Elternhaus. Mit dem Wagen hielten wir vor der angegebenen Hausnummer, Helmut guckte aus dem Fenster, es sah absolut unbewohnt aus. Um das gute Wetter und die Verfassung von Johanna zu nutzen, fuhren wir weiter zum Friedhof, dem zweiten Ziel, das sie besuchen wollte. Zielsicher leitete sie uns zum Grab der Eltern, Wetter und Wege waren absolut auf unserer Seite und wir konnten in aller Ruhe die vertrauten Strecken mit ihr gehen.

Da wir – bis auf Johanna, die vergnügt und lustig im Rollstuhl saß – uns etwas komatös von dem Essen fühlten, war ein kleiner Spaziergang zurück zur Adresse des Elternhauses eine gute Idee. Auf dem Weg erfuhren wir, wer wo gewohnt hatte, wie die Freundin hieß und wie sie sich das mit einem früheren Freund so vorstellte: „Na ja, der Jüngste wird der wohl auch nicht mehr sein!" – Nee, vermutlich nicht. Es wäre ihm aber zu wünschen, dass er genauso fit und unternehmungslustig wäre wie Johanna.

Als wir wieder vor dem Haus standen, stellten wir fest, dass wir vorher von der falschen Hausnummer ausgegangen waren. Johannas Elternhaus, das jetzt von ihrem Neffen bewohnt wurde, war schlicht und ergreifend das Nachbarhaus, das sie vom Auto aus nicht erkennen konnte. Dieser Neffe war nur kurz irritiert über den „Überraschungsbesuch", um dann norddeutsch-pragmatisch festzustellen: „Dann koche ich mal einen Kaffee."

Seine Partnerin, die im wunderschönen Garten saß, freute sich ebenfalls und bot Kuchen an. Vier Menschen vor der Tür, von denen drei absolut unbekannt waren, so freundlich einzuladen, beeindruckte mich.

Um den Zustand von Johanna nicht zu sehr zu strapazieren, blieben wir nur kurz.

Auf der Rückfahrt erzählte ich Johanna, dass ich plante, ein Buch über die Fahrten mit dem Wünschewagen zu schreiben und mich freuen würde, wenn ich über unsere Fahrt berichten könnte. Die Vorstellung, nach unserem Ausflug in einem Buch erwähnt zu werden, gefiel ihr gut. Ich sollte mich aber ein bisschen beeilen, damit sie es lesen könnte.

Nachtrag: Da das mit dem Buch ja ein bisschen dauert, schickte ich Johanna den Text über unsere Fahrt. Einige Tage später bekam ich eine wunderbare, mit vielen glitzernden Aufklebern liebevoll verzierte Karte, in der Johanna sich für die Fahrt und den Bericht bedankte. Unterschrieben mit „Johanna, 89 Jahre alt!" – ich hatte sie ein Jahr jünger gemacht – gewirkt hatte sie wie eine junge Frau.

Sieht aus wie Liebe

Das ist der erste Gedanke, nachdem ich Tanja und Michael ein paar Minuten im Wünschewagen beobachtet habe. Tanja, deutlich gezeichnet von ihrer Krankheit, mit einer inneren Haltung, die uns alle an diesem Tag mehrfach und tief beeindruckt hat, warm eingekuschelt auf der Trage. Michael, auf dem Transportrollstuhl sicher angeschnallt neben ihr, so nahe, dass er immer wieder nach ihrer Hand greifen und sie halten kann, ein Bild, das bezeichnend für den ganzen Tag ist.

Zu diesem Zeitpunkt, 10 Minuten nachdem ich die beiden kennengelernt habe, nehme ich nur dieses starke Gefühl von gegenseitiger Zuneigung wahr. Und wir, die sie an diesem Tag begleiten dürfen, werden sofort mit großer Freundlichkeit und Offenheit begrüßt.

5 Stunden vorher: 4:45 Uhr. Verschlafener Blick auf den Wecker. Ist das mein Ernst? Gibt es eigentlich auch mal Wünschefahrten, die nicht zu nachtschlafender Zeit beginnen …? Um 8 Uhr treffe ich meine heutigen Wünschewagen-Kollegen, wir kennen uns nicht. Auf der Info, die ich von der Koordinatorin bekommen habe, steht nur, dass es für Nina die erste Fahrt ist. Ich erinnere mich an meine erste Begleitung und daran, wie aufregend es war. Hoffentlich wird es für sie ein positives Erlebnis und sie bleibt dabei. Wenn es im Team gut klappt, macht es das für alle einfacher. Kaffee, Brotdose, Wünschewagen-Poloshirt, ab ins Auto. Im

Job trage ich meistens Pumps, doch wenn ich die Sicherheitsschuhe anziehe, die wir auf den Fahrten tragen, hilft mir das, mich auf den Tag einzustellen.

Die Fahrt zum Treffpunkt dauert fast zwei Stunden. Zeit genug, um wach zu werden, bevor ich Nina und Lennart treffe. Lennart ist Rettungssanitäter und sehr souverän für sein junges Alter. Er hat den Wagen schon kontrolliert, Routine vor jeder Fahrt. Es muss sichergestellt werden, dass alles dabei und funktionstüchtig ist, was im Notfall gebraucht werden könnte. Bei allen netten Erlebnissen dürfen wir nicht vergessen, dass wir mit schwerkranken Menschen unterwegs sind. Kurzes Kennenlernen, wer ist wer, ab in den Wünschewagen, los geht's Richtung Schwarzenbek.

Tanja und Michael sind vorbereitet, als wir vor dem Haus parken. Bei einem Blick auf die Taschen komme ich kurz ins Grübeln, ob wir wirklich einen Tagesausflug machen, oder ob sie eine mehrtägige Expedition planen. Michael scheint meine Gedanken zu erraten und klärt mich auf. Es befinden sich u. a. Decken und Kissen im Gepäck, damit Tanja es schön hat.

Wir verteilen uns im Wünschewagen. Tanja möchte liegen, um sich auszuruhen. Sie wirkt gelassen, jede Bewegung ist überlegt. Erst als sie liegt, spüre ich, wie anstrengend diese kurzen Wege für sie sind. Leberzirrhose, das klingt weniger dramatisch, als es ist. Eine Leber, die ihre Funktion aufgegeben hat, eine Milz, die nicht so richtig macht, was sie machen sollte, mehrere Liter Wassereinlagerungen, Krankenhausaufenthalte, Morphium – Tanja erzählt von ihrer Krankheit und den Einschränkungen, die sie mit sich bringt.

Berührt von der Nähe, die ich zwischen Tanja und Michael wahrnehme, frage ich sie nach ihrer gemeinsamen Geschichte. Tanja schildert das Kennenlernen, sie sind erst seit 1 ½ Jahren zusammen. Eine Zeit, in der viele Paare die erste Verliebtheitsphase hinter sich haben und feststellen, ob und wie das „normale Leben" miteinander funktionieren kann. Aufgrund ihrer Erkrankung gab und gibt es für die beiden kein „normal", nur ganz viel Liebe.

Sie sprechen voller Wärme und Wertschätzung vom jeweils anderen, davon, wie wichtig diese Beziehung ist. Dass sie sich gegenseitig unterstützen, voneinander lernen und füreinander da sind. Mehr als einmal bin ich extrem berührt, so liebevoll und dankbar haben sie ihr Leben beschrieben.

Wir kennen uns erst ein paar Minuten, als Tanja mir ihre Wunsch-Beisetzung schildert: „Auf jeden Fall eine See-Bestattung. Nur mit den engsten Freunden und der Familie. Niemand darf in schwarzer Kleidung kommen – und dazu Musik von Unheilig! Ich bin ein Riesen-Fan!" Sie spricht voller Überzeugung, das ist spürbar. Michael wischt sich ein paar Tränen aus dem Gesicht. Es wird nicht das letzte Mal an diesem Tag sein, dass er weint.

Die Fahrtzeit zum Tierpark Hagenbeck vergeht schnell. Lennart stoppt vor dem Haupteingang, wir packen uns und alles, was wir für den Tag brauchen, ein und warten, bis er den Wagen geparkt hat. Tanja beschwört die dunkle Wolke, die genau über uns am Himmel zu sehen ist, „bitte zu verschwinden". Und es passiert das, was ich als „Wünschewagen-Wunder" kennengelernt habe. Die Parkplatz-Situation ist schnell geklärt, ein freundlicher Mitarbeiter unterstützt uns beim Eingang.

Vor einigen Wochen war der Wünschewagen schon einmal hier. Ein ehemaliger Kollege, ein Pförtner, war schwer erkrankt und wollte kurz vor seinem Tod noch einmal in „seinen Tierpark". Sichtlich berührt von der Erinnerung an den Kollegen hilft uns der Mitarbeiter bei der Organisation.

Dass die Wolke verschwunden ist und wir bei angenehm warmen Temperaturen durch den Tierpark schlendern können, überrascht mich dann schon fast gar nicht mehr. Tanja, eingekuschelt im Rollstuhl, ist der Mittelpunkt unserer kleinen Gruppe. Abwechselnd schieben wir sie, unterhalten uns und sehen uns dabei die wunderschöne Anlage mit den Tieren an.

Als ich anfing, ehrenamtlich im Hospiz zu arbeiten, sagte mir ein Kollege, dass es immer Umstände oder Personen geben würde, die besonders berühren. Er könnte z. B. niemanden betreuen, der im Alter seiner Kinder wäre. Ich habe es seitdem oft erlebt, dass ich bei einem Blick auf das Geburtsdatum ins Grübeln kam. Tanja ist Jahrgang 1978, im Alter meiner Schwester, die mir sehr nahesteht. Tanjas Sohn ist so alt wie meiner, theoretisch erwachsen, aber in einem Alter, in dem er noch viele Jahre eine Mutter haben sollte.

Ihre Erkrankung, die Entwicklung des Gesundheitszustandes und die Prognose, auch wenn sie es ruhig und undramatisch geschildert hat, macht immer wieder bewusst, dass es sich nicht nur um einen schönen Ausflug handelt. Lange Krankenhausaufenthalte, Intensivstationen, Koma – im Vergleich dazu erscheinen die Dinge, über die man sich im „normalen Leben" aufregt, völlig unbedeutend. Für uns als Begleitende immer wieder die Chance, über das eigene Leben nachzudenken. Und das, was wichtig ist. Das gelingt nicht immer, aber manchmal.

Während wir uns das wunderschöne Tropenaquarium ansehen und fasziniert die prachtvolle Unterwasserwelt bestaunen, ist Michael immer nahe an Tanjas Seite. Es ist berührend zu sehen, dass sie sich trotz aller Stärke und positiven Einstellung erlaubt hat, mal „schwach" zu sein und sich anzulehnen, dass er sie stützen kann und darf.

Wie besonders Tanjas Umgang mit der Krankheit ist, wird im Restaurant deutlich, als wir die Bestellung aufgegeben haben und auf unser Essen warten. Tanja erzählt von der Odyssee, die sie sie hinter sich hat, welche Behandlungen und was für Optionen es gibt. Die Gespräche innerhalb der Familie, die Frage: „Wann kommt jetzt eigentlich dein neues Herz?", weil der Fragende sich das betroffene Organ nicht merken konnte.

„Und jetzt warte ich auf die Leber!" Eine neue Leber als letzte Chance. Eine Transplantation könnte ihr Leben verlängern – wenn sie zeitnah erfolgt. Wir als Begleitpersonen kommen aus medizinischen, pflegenden Berufen oder sind für die Fahrten ausgebildet. Lennart, als Sanitäter, Nina als Altenpflegerin und ich mit der Erfahrung als Sterbebegleiterin haben vermutlich mehr gesehen und gehört als viele andere Menschen. Trotzdem ist bei aller Lockerheit, mit der wir nebenbei gegessen haben, spürbar, dass es ein besonderes Thema ist.

Die Voraussetzung für eine Transplantation ist ein Spenderorgan. Die Vorstellung, dass das eigene Leben weitergehen kann, weil ein anderes endet, lässt uns alle nachdenklich werden. Tanja ist offen und reflektiert. Neben allen physischen Voraussetzungen, die sowohl an sie als auch an ein Spenderorgan gestellt werden, ist es eine große psychische Herausforderung. In psychologischen Gesprächen wird versucht, das bestmöglich vorzubereiten. Eine Krankenschwester hat ihr den Rat gegeben, sich das Organ und die Verbesserung der Lebensqualität vorzustellen – und der Leber einen Namen zu geben.

Es hätte mich nicht mehr überraschen müssen, dass Tanja genau weiß, was sie will. Aber ich muss trotzdem lachen. Ihre neue Leber wird „Brigitte" heißen, da gibt es gar keinen Zweifel. Wir wischen uns immer mal wieder Tränen aus den Augen, manchmal vor Lachen, manchmal, weil uns die Schilderungen so nahe gehen. In der Vergangenheit hat Tanja Bluttransfusionen bekommen. Wir haben herausgefunden, dass wir die gleiche Blutgruppe haben und ich weiß, dass ich zukünftig beim Blutspenden immer an sie denken werde.

Die Gespräche sind uns allen nahe gegangen. Ein klarer Fall, dass hier nur Crêpes helfen können. Mit Schokolade in verschiedenen Variationen. Vermutlich werde ich irgendwann ein größeres Poloshirt tragen müssen – aber es ist phantastisch und manchmal kann Schokolade etwas Tröstliches haben. Essen hat bei Wünschefahrten häufig eine große Bedeutung, für uns ist der Austausch über die besten Crêpe-Variationen eine Möglichkeit, um uns ein bisschen zu erden.

Bereits auf der Hinfahrt hatten wir das Gefühl von einem tiefen Verständnis füreinander. Auf der Rückfahrt, nach dem gemeinsamen Tag und dem ehrlichen und offenen Austausch mit Tanja und Michael, sind wir alle ein bisschen ruhiger. Die positive Energie, die Wärme und die Liebe der beiden füreinander werden mir ganz besonders in Erinnerung bleiben.

Nachtrag: Ich bekomme eine Nachricht von Tanja. „Brigitte" ist da, es geht allen gut. Alles Liebe für euch drei! Passt gut aufeinander auf!

Die Toten lehren die Lebenden

Ich teile meine Erfahrungen über Wünschefahrten oder Aktionen der Hospizbewegung teilweise in sozialen Netzwerken. Das ist eine schöne Möglichkeit, über Aktivitäten zu informieren und führt manchmal dazu, dass Menschen, die sich dafür interessieren, Kontakt zu mir aufnehmen. So wie Sven, wir haben vor vielen Jahren zusammen studiert und treffen uns in Hamburg zu einem gemeinsamen Essen.

„Haben Verstorbene eine Verpflichtung den Lebenden gegenüber?" Das ist eine interessante Frage, über die ich tatsächlich bis zu diesem Zeitpunkt noch nicht nachgedacht habe. Während ich mein Sushi auf dem Teller hin- und herschiebe, frage ich ihn, wie er auf diesen Gedanken kommt.

„Meine Mutter hat eine ungewöhnliche Vorstellung von ihrem Tod bzw. dem, was danach mit ihr passieren soll. Und ich habe damit meine Schwierigkeiten."

Einige Tage später. Nach dem Gespräch mit Sven habe ich Kontakt zu seiner Mutter aufgenommen und gefragt, ob sie mit mir sprechen würde. Uschi öffnet mir die Tür, sie ist 65 Jahre alt und begrüßt mich freundlich. Der Wohnzimmertisch ist gedeckt, es stehen Kekse auf dem Tisch. Während die Kaffeemaschine läuft, gucke ich mir die Familienfotos an, die überall an den Wänden hängen. Ich bedanke mich für ihre Bereitschaft, mit mir zu sprechen. Die Themen Tod und letzte Wünsche sind etwas sehr Persönliches. Es gibt nicht viele Menschen, die sich damit auseinandersetzen bzw. darüber sprechen. „Mein Lebensgefährte ist vor vier Jahren gestorben. Ganz plötzlich, ich bin von der Arbeit gekommen – und da lag er tot auf dem Boden. Der Braten stand in der Küche, das hat er nicht mehr geschafft." Uschi ist das, was man als „patente Frau" bezeichnet, auf eine burschikose Art herzlich und geradeaus. Während sie über Manni, den verstorbenen Partner und ihr Leben erzählt, trinke ich Kaffee und esse Unmengen Süßes.

„Wir waren nicht so heiß verliebt wie junge Leute. Aber wir hatten eine gute Zeit zusammen, er war fürs Einkaufen und Kochen zuständig, wir hatten ganz klare Verhältnisse. Manni lebte so in den Tag, der hatte keine Ziele. Wir machten schon einiges zusammen, aber nicht so viel. Früher hatte ich eine Dauerkarte beim Eishockey, da kam er am Anfang mal mit, aber irgendwann hörte das auf. Ich konnte auch nicht immer, ich arbeite in einem Altenheim, da klappte das nicht immer so mit der Zeit.

Aber ich würde nicht sagen, ich hätte etwas versäumt. Ich war immer zufrieden, wenn ich meine Miete bezahlen und mir ab und zu etwas leisten konnte. Und so ist es bis jetzt, ich bin zufrieden mit dem, was ich habe. Ich war ja früher verheiratet, mein Mann hat Karriere gemacht. Ich habe zwar ab und zu darüber nachgedacht, wie es gewesen wäre, wenn es anders gelaufen wäre. Aber so war es. Und jetzt, wo Manni tot ist, lebe ich alleine. Ich habe meinen Freundeskreis und die Arbeit, meine Kinder sind erwachsen und haben ihr eigenes Leben, wir haben aber regelmäßig Kontakt zueinander. Durch meine Arbeit im Heim habe ich viel mit älteren Menschen zu tun, da sterben ja immer mal welche, aber die sind in einem anderen Alter. Manni war ja erst 64 Jahre. Das verändert schon den Blick aufs Leben ein bisschen. Ich gönne mir was und spare nicht, ich mache das, was mir gefällt!"

Uschi erzählt von ihrem Vater und der früh verstorbenen Oma, den traditionellen Beisetzungen und den Problemen, die sie damit hat. „Dieses ganze Drumherum bei den Beerdigungen, das ist doch viel Heuchelei und Theater! Auf dem Weg zum Grab weinen alle, und danach geht es schon los mit den Lästereien.

Alleine diese Sache mit dem Leichenschmaus, die ist doch grauenhaft! Dann wird Enzian getrunken und gelacht, als ob nichts gewesen wäre. Und spätestens, wenn es um das Grab geht, wird es anstrengend.

Ich erinnere das noch gut: ‚Wir müssen zum Friedhof, was sollen die Leute sagen, wir müssen uns um die Blumen kümmern'. Das ist nicht meins, ich habe da lieber klare Verhältnisse. Bei Manni gab es auch einen Abschied am offenen Grab, also, ich glaube nicht, dass ich das noch mal machen würde. Das ist nichts für mich."

Wir reden darüber, wie sich Beisetzungen im Laufe der Jahre verändert haben, welchen Stellenwert es für Angehörige hat, zu einem Grab gehen zu können. Uschi hat klare Vorstellungen. Das sei nichts für sie, diese Tradition, die mehr „für die

Leute" als für die Verstorbenen zu sein scheint. Für sie seien andere Dinge wichtig, sie weiß, was sie noch erleben möchte – und was sie sich nach dem eigenen Tod vorstellt.

„Der tote Körper wird erstmal ca. 1 Jahr oder 1 ½ Jahre in Formalin aufbewahrt, das dauert ein bisschen, bevor der wirklich verwendet werden kann. Das heißt Körperspende, man stellt sich der Wissenschaft zur Verfügung, also Studenten, die Ärzte oder Zahnärzte oder so was werden möchten. Irgendwo müssen die ja üben – und mir macht das dann nix mehr aus.

Ich habe das unterschrieben, das ist im Prinzip wie eine Organspende, nur dass man dabei den ganzen Körper überlässt. Man kann sagen, wenn etwas nicht verwendet werden soll, man kann also einzelne Körperteile aussortieren, aber von mir können sie schon den gesamten Körper haben."

Vor dem Gespräch mit Uschi hatte ich nur eine diffuse Vorstellung, was eine Körperspende bedeutet, auch organisatorisch. Der Begriff „Spende" ist insofern irreführend, da Menschen, die der Wissenschaft ihren Körper zur Verfügung stellen, dafür zahlen müssen. Seit der Abschaffung des Sterbegeldes im Jahr 2004 werden Überführungs- und Beisetzungskosten in Rechnung gestellt, die die Angehörigen bzw. die Verstorbenen sicherstellen müssen. Diese betragen ca. 1.200 bis 2.000 €.

Diese Kosten müssen im Vorfeld entweder durch eine Versicherung, durch Angehörige o. ä. abgesichert sein. Das kann dazu führen, dass Menschen mit geringen finanziellen Mitteln, die gerne als Spender zur Verfügung stehen würden, dies nicht machen können.

Was genau bedeutet eine solche Körperspende für die Verstorbenen und die Angehörigen? In dem Moment, wo ein Körper für Lehr- und Forschungszwecke zur Verfügung gestellt wird, ist der Ablauf klar geregelt.

Nach dem Tod wird der Leichnam durch ein Bestattungsunternehmen in das entsprechende Institut überführt, im Fall von Uschi in Norddeutschland.

Der Körper verbleibt für bis zu drei Jahre dort, weil „sich die verschiedenen Verwendungen über diesen Zeitraum erstrecken können", so steht es auf der Website der Uni Kiel zu dem Thema. Der „normale" Abschied, d. h. eine Beisetzung durch Familie oder Freunde, ist nicht möglich. Nachdem der Körper den Studierenden zur Verfügung gestellt, d. h. für die Aus- und Weiterbildung genutzt worden ist, wird der Leichnam kremiert und bestattet.

Auf vielen Webseiten finden sich Informationen über Gedenkfeiern, die i.d.R. einmal jährlich stattfinden. Wenn es von den Verstorbenen gewünscht wird, werden Hinterbliebene über die erfolgte Beisetzung informiert und zu der Abschiedsfeier eingeladen. Die Bestattung findet in einem bestimmten Bereich des Friedhofs statt, für die Angehörigen ein Ort, an dem sie Abschied nehmen können – auch lange nach dem tatsächlichen Tod eines nahestehenden Menschen.

Es stellen sich deutlich mehr Personen als potentielle Spender zur Verfügung, als die Institute benötigen. Für Uschi ist das kein Problem: „Ich habe diese Entscheidung schon vor vielen Jahren getroffen, da ist alles geregelt, ich weiß, wo meine Urne mal beigesetzt wird. Meine Kinder wissen das, die müssen sich dann um nichts kümmern.

Bei Manni war das anders, ich wusste nicht so genau, wie er sich das alles vorgestellt hatte, also mit der Beerdigung und so. Er war erst 64 Jahre, da hatte keiner damit gerechnet, schon gar nicht so plötzlich. Mit seinem Grab hat trotzdem alles so prima geklappt, weil er als eine Art Friedhofsgärtner gearbeitet hatte.

Darum haben sich die Leute vom Friedhof gekümmert. Das Grab sieht immer tipptopp aus, da muss ich gar nichts machen. Und es ist direkt neben der Bank, auf der er immer geraucht hat. Jetzt liegt er da, aber er steht nicht mehr auf und harkt Laub!"

Nach dem Treffen mit Uschi nehme ich wieder Kontakt zu Sven auf, Uschis Sohn. Das Gespräch hat selbst mich, obwohl ich völlig unbeteiligt bin, sehr beschäftigt. Was muss es mit den engsten Angehörigen, den Kindern und Freunden machen?

„Ich weiß gar nicht mehr genau, wann meine Mutter mir das erste Mal davon erzählt hat, aber ich erinnere mich genau, wie geschockt ich war. Meine erste Frage war: ‚Wie kannst du mir das antun?‘ In meiner Vorstellung hat sie mir damit jede Chance auf einen Ort zum Trauern genommen. Sie hat mir das so vor den Latz geknallt, anders kann man es nicht sagen.

Da war keine Chance auf Verständigung, ich war total überfordert. Weil mein Gefühl ein ganz anderes ist. Ich finde schon, dass man seinen engsten Verwandten gegenüber eine Verantwortung hat. Und für mein Verständnis nimmt sie uns damit sehr viel."

Die Offenheit, mit der Sven über seine Familie berichtet, beeindruckt mich. Er spricht von Zeiten, in denen es keinen Kontakt gab, Jahre ohne jede Kommunikation. Und von Momenten, die ihn noch heute, Jahre später, berühren. Vom eigenen Coming-out. Der Aufregung und der Angst, der Mutter davon zu erzählen und ihrer großartigen, warmherzigen Reaktion.

„Diese unterschiedlichen Erfahrungen haben uns sehr zusammengeschweißt, wir haben jetzt eine andere Form der Kommunikation, da ist kein Platz für Heuchelei. Und genau deswegen ist mir die Auseinandersetzung mit ihrem Wunsch in Bezug auf die Körperspende so wichtig, ich möchte verstehen, was es ihr bedeutet.

Für mich sind Gräber eine wichtige Sache, ich fühle da eine große Verbundenheit mit den Verstorbenen, für mich ist das eine Hilfe beim Abschiednehmen. Ich respektiere ihre Entscheidung, aber es fällt mir schwer, mir vorzustellen, dass es keine Beisetzung gibt oder ein Grab, wie z. B. bei meinen Großeltern."

Und dann erzählt Sven von seiner Oma, die er als Kind regelmäßig besucht hat. Dem Wissen, dass es bei Oma mit Sicherheit Süßigkeiten für ihn und seine Schwester gab. Zur Begrüßung gab es immer Duplo, was zu dem Namen „Duplo-Oma" führte. Von der Grabstätte, die seit vielen Jahren schon nicht mehr den Grabstein der Großeltern trägt und zu der er trotzdem regelmäßig fährt, weil er ein Gefühl der Nähe dabei empfindet.

„Im Sommer habe ich den Friedhof besucht, auf dem meine Oma beerdigt ist. Ich fühle mich ihr da sehr verbunden und weiß genau, wo ihr Grab war. Mein Mann wusste, wie sehr ich sie mochte und wie viel sie mir bedeutet hat. Er hat mich fest in den Arm genommen – und mir zwei Duplo in die Hand gedrückt. Das war ein Moment, in dem ich mit den Tränen kämpfen musste!" (Anmerkung der Autorin: Ich auch). „Diese Möglichkeit, an einem Grab zu stehen, wird es so bei meiner Mutter nicht geben, da werden wir uns einen Ort zum Erinnern suchen müssen."

Geburtstag zu Hause

Es ist Dienstag, die heutige Wünschefahrt beginnt erst um 13 Uhr, ich treffe mich mit Belinda und Julian am Wünschewagen. Das heißt, ich kann vorher arbeiten gehen, bevor ich mich auf den Weg nach Elmshorn mache. Das heißt auch, dass meine Kollegen mich in ganz anderer Kleidung sehen als im Normalfall.

Statt mit Blazer und Pumps sitze ich mit dem Wünschewagen-Poloshirt und Jeans am Besprechungstisch. Eine Kollegin, die ihren Mann vor zwei Jahren mit dem Wünschewagen begleitet hat, lächelt mir zu. Sie weiß, was diese Fahrten bedeuten, für die Fahrgäste, die Angehörigen und diejenigen, die ehrenamtlich mitfahren.

Als ich mit den schweren Sicherheitsschuhen die Treppe herunterpoltere, um nach Elmshorn zu fahren, fragt ein Kollege mich nach der heutigen Fahrt. Ich freue mich über sein Interesse und berichte von dem, was ich weiß. „Den eigenen Geburtstag zu Hause erleben" hat Birgit, die Koordinatorin, uns per Mail mitgeteilt.

Während der Fahrt denke ich über die Bedeutung dieses Satzes nach. „Den eigenen Geburtstag zu Hause erleben" heißt in diesem Fall mit allerhöchster Wahrscheinlichkeit, den letzten Geburtstag zu Hause zu erleben. Ein guter Grund, ins Auto zu steigen.

Das Treffen am Wünschewagen ist herzlich. Belinda und ich haben nach der gemeinsamen Wünschefahrt mit Andi lockeren Kontakt miteinander gehalten und freuen uns, wieder miteinander zu fahren.

Heute also ein ganz anderer Wunsch. Und andere Herausforderungen. Nach einer gefühlten Entspannung in Bezug auf Corona hat sich die Situation aktuell wieder deutlich verschlechtert. Die Zugänge zu Alten- und Pflegeheimen oder Krankenhäusern sind streng reguliert, um die dort versorgten Menschen zu schützen.

Damit wir die Fahrten begleiten dürfen, müssen wir einen „Vollschutz" anlegen. Wir dürfen uns nur kurz sehen, bevor wir in der Schutzkleidung verschwinden. Wir geben ein extrem seltsames Bild ab: Julian ist ziemlich groß, Belinda ziemlich klein, ich irgendwo in der Mitte – gut, dass wir uns anhand der Größe auseinanderhalten können. Nach fünf Minuten stecken wir in den riesigen weißen Overalls, mit denen wir aussehen, als ob wir der Maler-Trupp wären. Oder auf der Suche nach Außerirdischen – falls wir welche fänden, würden sie vermutlich freiwillig gehen. Zusammen mit den Schutzbrillen und den FFP2-Masken steigen wir schnaufend in den Wagen, um unseren Fahrgast abzuholen.

Nach 30 Minuten Fahrt erreichen wir unser erstes Ziel, das Pflegeheim, in dem Helene untergebracht ist. Helene, das Geburtstagskind, ist so aufgeregt, dass sie sich übergeben muss. Sie ist eine zarte Frau von ca. 50 Kilo, die von der Krankheit schon sehr gezeichnet ist. Ich stelle mich vor, erkläre, dass wir sie zu ihrer Familie begleiten und sie bei uns in guten Händen ist. Sie ist apathisch, sitzt im Rollstuhl, müde und erschöpft nach den Anstrengungen des bisherigen Tages.

Mit sanften und geübten Bewegungen bringt Julian sie in den Wünschewagen und setzt sich auf den Beifahrersitz, Belinda fährt, ich bin mit Helene im hinteren Teil des Wagens. Die Schutzkleidung und der Mundschutz machen es nicht leichter, miteinander zu sprechen. Ich versuche, ein paar Fragen zu stellen, aber Helene erscheint abwesend. Sie ist in ihrer eigenen Welt, zu der ich keinen Zugang habe. Nach einigen Momenten kann ich mich auf die Stille einlassen, Kommunikation kann auch ohne Sprache stattfinden.

Die Fahrt dauert nicht lange, nach ca. 30 Minuten und ein bisschen Sucherei stehen wir in dem Wohngebiet, das viele Jahre das Zuhause von Helene und ihrer Familie war. Wir klingeln. Es ist abgesprochen, dass ihr Enkel kommt und uns hilft, seine Großmutter in die Wohnung zu bringen. 50 Kilo Körpergewicht sind sehr wenig – 50 Kilo plus einen Rollstuhl in den zweiten Stock durch ein enges Treppenhaus zu bringen, ist eine Herausforderung, besonders mit Schutzkleidung und Maske.

Verschwitzt und schwer atmend kommen wir in der Wohnung an. Paul, Helenes Ehemann, begrüßt uns an der Tür. Er ist selbst schwer erkrankt, leidet unter COPD – sein Sauerstoffgerät ist mit einem so langen Schlauch verbunden, dass er sich locker in den Zimmern bewegen kann. Während ihr

Enkel Helene in das bereitstehende Pflegebett legt, stehen wir zwischen Küche und Flur und sind irgendwie immer im Weg.

Die Familie wuselt im liebevoll dekorierten Wohnzimmer, es stehen Kaffee und Kuchen auf dem Tisch. Die Tochter bedankt sich dafür, dass wir es ihnen ermöglicht haben, diesen Tag gemeinsam verbringen zu können. „Das wird wohl ihr letzter Geburtstag sein."

Auch wenn es uns allen klar ist, berührt es – so deutlich ausgesprochen – noch einmal sehr. Da ändert auch die Tatsache, dass es der 79. Geburtstag ist, nichts. Weil sie eine Ehefrau, Mutter, Großmutter und sogar Urgroßmutter ist, die sehr geliebt wird. Das wird deutlich, als die anderen Mitglieder der Familie sich in dem kleinen Wohnzimmer verteilen.

Paul bietet uns Kaffee an und erzählt von früher, wie das damals war mit seiner Frau. Wie sie sich kennengelernt haben, einige Jahre „in wilder Ehe" lebten, bevor sie geheiratet haben. Ganz heimlich war das geplant, nur mit ihren Trauzeugen, weil niemand davon wissen sollte. Das hat dann nicht so gut geklappt, weil ein Fotograf am Standesamt stand, der einen Artikel zum Thema „Ehe" schreiben wollte und dabei ein Foto von ihnen gemacht hatte. Die Nachbarn und Bekannten hatten quasi aus der Zeitung davon erfahren und Geschenke vor die Tür gestellt. Die Familie kennt die Geschichte, hat sie vermutlich unzählige Male gehört, lächelt bei der Erzählung. Das Hochzeitsbild steht in der Vitrine, ein glückliches Paar, aufgenommen vor ca. 40 Jahren.

Die Frau, die müde und apathisch im Bett liegt, hat keinerlei Ähnlichkeit mit der fröhlichen Braut auf dem Foto. Die Ballons, die am Bettrahmen befestigt sind, die Geschenke, die in bunten Tüten auf dem Tisch stehen und Maya, die 7-jährige Ur-Enkelin, die an ihrem Bett sitzt und die Hand streichelt, bilden ein absolutes Kontrastprogramm.

Es ist nicht klar, ob wir stören oder ob die Familie unter sich bleiben möchte. Wir sind in einer Gegend, in der sich niemand von uns auskennt. Und wir sind in Zeiten von Corona unterwegs, Alle Cafés und Restaurants sind geschlossen, wir könnten durch einen Baumarkt bummeln, aber nirgendwo einen Kaffee trinken oder etwas essen gehen.

Die Familie scheint sich abgesprochen zu haben und lädt uns herzlich zum Bleiben ein. Es ist eine liebevolle und warmherzige Atmosphäre, die wir an diesem Tag miterleben dürfen. Wir erfahren von Urlauben, Lieblingsautos und bekommen Fotos von Hunden gezeigt. Während dieser ganzen Zeit liegt Helene im Bett, schläfrig, ein stiller Gast auf der eigenen Feier. Fast beiläufig wird sie berührt, ganz zart und vorsichtig, um sie nicht zu stören. Der kleine Urenkel spielt mit dem Schlauch des Sauerstoffgerätes, während Paul mir die Hausschuhe zeigt, die er seiner Frau zum Geburtstag geschenkt hat. „Sie hat doch immer so kalte Füße! Ich möchte, dass sie es warm hat" – und das ist so berührend, dass ich unter meiner Maske tief atmen muss.

Wir beschließen, die Familie einen Moment alleine zu lassen und verabschieden uns. Julian fährt, d. h. wir irren ein bisschen durch den nieseligen Nachmittag, bevor wir einen McDonalds finden. Der Wünschewagen steht vor dem leeren Restaurant, es sind mehr Mitarbeiter als Gäste da. Die coronabedingten Herausforderungen begegnen uns auch hier: Um einen Kaffee und einen Hamburger zu bekommen, braucht es logistische Meisterleistungen. Es gibt diese Momente, in denen ich Menschen erzählen möchte, was mich gerade bewegt.

Dass wir aus einer sehr emotionalen Situation kommen – und mit unseren Gedanken ganz woanders sind als bei den komplizierten Ein- und Ausgangs-Regelungen und der Bestellung. Mit unserem Kaffee sitzen wir im Wünschewagen und sprechen über das, was wir heute erlebt haben. Wie warmherzig und liebevoll die Familie miteinander umgegangen ist, dankbar, diesen Tag gemeinsam erleben zu dürfen. Aufgrund der aktuellen Situation, eigenen Erkrankungen und Entfernungen ist es nur Helenes Tochter möglich, sie im Heim zu besuchen. Alle anderen sehen sie heute seit längerer Zeit zum ersten Mal.

Auf der Rückfahrt ist es dunkel und noch immer nieselig. Wir zögern den Moment hinaus, so lange es möglich ist. Das Wissen, dass wir diejenigen sind, die Helene abholen und damit das vermutlich letzte Treffen beenden, geht uns nahe. Als wir in die Wohnung kommen, spüren wir, wie schwer der Abschied für alle sein wird. An den Helium-Ballons sind Zettel mit Wünschen befestigt, zum Geburtstag – und für ihren Weg in den Himmel. Maya, die kleine Ur-Enkelin, die so liebevoll ihre Hand gehalten hat, hat Herzchen gemalt.

Die gesamte Familie begleitet uns zum Wünschewagen, Helene im Rollstuhl, mit den neuen Hausschuhen an den Füßen. Wir bereiten den Wagen für die Rückfahrt vor, holen eine Decke, damit sie den Abschied von ihrer Familie genießen kann. Der Moment, als die Ballons mit den Wünschen in den Himmel geschickt werden, die Angehörigen sich von ihr verabschieden und sich noch einmal bei uns bedanken, ist schwer.

In den letzten Stunden waren wir diesen Menschen nahe, jetzt nehmen wir ihnen etwas sehr Liebes – auch, wenn für alle klar ist, dass wir fahren müssen. Mir geht besonders das Weinen der kleinen Ur-Enkelin nahe – ihr Bruder ist mit seinen zwei Jahren noch zu klein, um die Situation zu verstehen – aber sie spürt genau, dass dieser Abschied für immer ist. Belinda spricht kurz mit ihr, während ich der Familie sage, dass wir jetzt fahren. Das kleine Wünschewagen-Bärchen, das wir den Fahrgästen schenken, bekommt heute die Ur-Enkelin zur Erinnerung an diesen Tag. Sie hält es fest, während sie sich die Tränen aus dem Gesicht wischt. Julian ist der ruhende Pol in dieser Situation, mit seiner Gelassenheit tut er uns allen gut.

Auf der Rückfahrt sucht Helene meinen Blick und meine Hand. Sie spricht nicht, ich fühle mich ihr verbunden, während wir uns dem Heim nähern. Julian und Belinda haben die Rückseite des Wünschewagens geöffnet. Helene möchte meine Hand nicht loslassen. Ich versuche, über die Rampe auszusteigen, ohne über Overall, Füße oder Rollstuhl zu stolpern.

Es ist dunkel, im Heim ist bereits der Nachtdienst aktiv. Der Pfleger begrüßt uns und Helene freundlich. Wir verabschieden uns, bedanken uns, dass wir diesen Tag mit ihr verbringen durften. Ich glaube, sie spürt, dass wir das ehrlich meinen. Zurück im Wünschewagen sehe ich die Tüte mit den Geburtstagsgeschenken und laufe zurück. Es ist nur ein kurzer Moment vergangen, aber sie ist nicht mehr zu sehen, der Pfleger ist schon mit ihr unterwegs. Jetzt ist sie wieder in den Abläufen des Pflegeheims angekommen und wird in ihr Zimmer gebracht. Ich hätte sie gerne noch einmal gesehen und ihre Hand gestreichelt.

Die Rückfahrt nach Elmshorn verläuft ruhig, wir sind alle in unseren Gedanken versunken. Manchmal braucht es nach den Fahrten einen Moment, bis man wieder „im richtigen Leben" ankommt. Mit diesem Gefühl verabschieden wir uns voneinander. Es ist gar nicht nötig, etwas zu sagen.

Den Overall ziehe ich erst zu Hause aus. Für mich ist das der Abschluss dieses Tages. Als ich die Sicherheitsschuhe ins Regal stelle, denke ich an Helene. Ihre kleine Ur-Enkelin war sich sicher, dass sie in den Himmel kommen wird. Und ich bin mir sicher, dass sie dort warme Füße hat, mit den Hausschuhen, die ihr mit so viel Liebe geschenkt wurden.

Lettze Augenblicke

Es gibt wenige Tage, an denen ich richtig genervt bin. Aber es gibt sie. Schlechte Nachrichten im Job, tausend Gedanken und den ganzen Tag das Gefühl, dass nichts, aber auch gar nichts klappen will. Wenn etwas funktioniert, dann sind es an dem Tag die selbsterfüllenden Prophezeiungen … Die Kaffeemaschine läuft über, der Begriff „bad hair day" könnte nur für mich erfunden worden sein, und den Schal, den ich suche, finde ich auch nicht.

Der andere Schal ist zu lang, zu warm, egal, ich muss Sachen zur Post bringen und einkaufen. Auf der Tasche, in die ich meine Päckchen und Briefe stopfe, steht: „Wir helfen tragen" und das Logo der Lübecker Hospizbewegung. An anderen Tagen finde ich diese Aussage tröstlich, heute bin ich nur genervt, die Tasche ist schwer und unhandlich. Ich fahre los. Der Mundschutz, der farblich zur Jacke passt und sich in der Jacke befinden sollte, ist nicht zu finden.

Ich greife nach dem baby-rosa „Falls ich mal gar keinen bei mir habe"-Modell, das ich für Notfälle im Auto habe. Definitiv nicht meine Farbe. Es überrascht mich kaum noch, dass ich am Geldautomaten bei der Post die Nummer zweimal falsch eintippe. Bevor die Karte gesperrt wird, hoffe ich auf eine Eingebung bzgl. der richtigen Zahl. Ich stelle mich in die Schlange vor der Postfiliale, um meine Briefe abzugeben. Es sind einige Leute vor mir, die Stimmung ist mäßig, es ist windig und in der Filiale scheint es nicht voranzugehen. Mir fällt ein, dass ich die Nummer für die EC-Karte einmal bei meiner Tante notiert habe.

Ich rufe sie an – mein Akku ist fast leer. Sie sucht in den Unterlagen die Nummer – ich in meiner Tasche nach einem Stift. Kein Stift. Natürlich. Ich vertraue meinem Gedächtnis heute nicht und gehe zum Automaten zurück, damit sie mir die Nummer direkt diktieren kann. Ich bin unkonzentriert, muss den Vorgang abbrechen, weil ich den Betrag falsch eingegeben habe. Die Schlange ist in der Zwischenzeit noch länger geworden, ich noch genervter.

Ok, dann erst in die Stadt und später zur Post. Ein zufälliger Blick in den Spiegel und der Gedanke „und gruselig aussehen tu ich auch". Ich bin nicht gut geschminkt und blass. Der Tag ist doof, da muss ich nicht auch noch so aussehen. Die Tatsache, dass ich unzählige Lippenstifte in verschiedenen Farbtönen habe, ist egal. Ich habe keinen bei mir und hoffe, dass ein bisschen Farbe hilft. Im Drogeriemarkt steuere ich zielgerichtet auf die Kosmetik zu und gucke nach der richtigen Marke, als es laut poltert.

Direkt im Gang nebenan ist jemand unsicher auf den Beinen und hält sich am Regal fest. Dosen mit Kindernahrung fallen polternd auf den Boden. Ich sehe einen älteren Herrn, der versucht, nach dem Einkaufswagen zu fassen. Mit einem

Schritt stehe ich direkt hinter ihm und greife unter seinen Armen durch, um ihn zu halten, falls er fällt. Reflexartig versuche ich, ihn zu beruhigen.

„Es ist alles gut, ich bin bei Ihnen und halte Sie fest, es kann nichts passieren!" Das ist totaler Quatsch, er ist größer und schwerer als ich, ich kann ihn nicht halten. Eine zierliche Frau steht in der Nähe, auch sie in einer dicken Jacke, eine coole Mütze im blonden Haar. Sie gibt mir Tipps, wie ich mich stellen soll, um nicht zu fallen.

Ich rufe laut, dass wir Hilfe brauchen, die Filialleiterin kommt zu uns. Das sei gestern schon passiert. Ich verstehe sie falsch, denke, sie spricht über den Mann und frage, wer er ist. Sie klärt mich auf. Am Vortag hatte eine Dame Kreislaufprobleme, da hätten sie den Rettungswagen gerufen. Sie geht davon aus, dass es heute auch so etwas sei.

Der Mann und ich gehen gemeinsam und ungeschickt auf den Boden – ich kann weder ihn noch mich halten.

Es ist Freitag, in zwei Tagen ist der dritte Advent, das Wetter ist norddeutsch ungemütlich. Und ich liege mit einem fremden Mann zwischen den Regalen eines Drogeriemarktes.

Die zierliche Frau heißt Tini, sie war früher Arzthelferin und in der Altenpflege tätig. Es gibt keine Berührungsängste. Wir sprechen den Mann an, überprüfen die Atmung und versuchen, einen Puls zu fühlen. Jemand ruft den Notdienst, es geht alles sehr schnell.

Der Mann liegt ausgestreckt auf dem Boden. Ich nehme meinen Schal, lege ihn unter seinen Kopf und spreche weiter mit ihm. Er trägt eine Wollmütze, sie ist verrutscht und ich nehme sie ihm ab. Ich sehe den Kopf eines älteren Mannes, fast ohne Haare, Altersflecken auf der Kopfhaut. Vor zwei Minuten wusste ich noch nichts von seiner Existenz – jetzt öffne ich seine Jacke und berühre sein Gesicht. Er reagiert nicht auf unsere Ansprache, bewegt sich nicht. Es gibt ein rasselndes Geräusch, das nicht zu der Situation zu passen scheint.

Die Stadt, in der ich wohne, ist klein; vielleicht kenne ich ihn. Ich nehme ihm den Mundschutz ab, gucke ihn an und erschrecke. Er sieht nicht aus wie jemand, der sich nur kurz von seinem Schwächeanfall erholen muss. Er sieht aus wie jemand, der stirbt. Hier, zwischen Babynahrung und Küchenrollen, auf dem Boden kniend, kommt mir das absolut absurd vor.

Als Sterbebegleiterin habe ich schon viele Menschen sehr kurz vor ihrem Tod gesehen oder beim Sterben begleitet. In allen Fällen wusste ich um die Situation. Hier erscheint es mir völlig unpassend, geradezu grotesk. In der aktuellen Corona-Diskussion gibt es immer wieder Statements von Menschen, die auf der Intensivstation arbeiten.

Wie tragisch es ist, dass die Erkrankten nicht ihre Angehörigen bei sich haben können, sondern von Fremden begleitet werden, wenn sie sterben. Daran muss ich in dieser Situation denken, als ich mich über ihn beuge, um zu hören, ob er atmet. Wenn er etwas sieht, dann mich, eine Fremde, mit einem rosa Mundschutz, die sich nahe über ihn beugt.

Gefühlt ist es eine Ewigkeit, in der Realität sind es nur ein paar Sekunden. In den Gängen neben uns das normale Gewusel der Einkaufenden, hier ein kleines Paralleluniversum, in dem wir uns um das Leben eines uns fremden Menschen bemühen. Wir sind zu dritt, Tini, die Filialleiterin und ich, an der Seite des Mannes, dessen Namen wir nicht kennen.

Bis zu diesem Moment kannten wir uns auch nicht, jetzt funktionieren wir wie ein eingespieltes Team. Definitiv keine Atmung – wir beginnen mit Herzdruckmassage, eine Mitarbeiterin läuft zur nahegelegenen Sparkasse, in der sich der Defibrillator befindet.

Am Telefon ist der Mitarbeiter des Rettungsdienstes. Das Telefonat ist auf laut gestellt, wir können ihn hören, während er uns ruhig Fragen stellt und Anweisungen gibt. Er zählt den Rhythmus vor, in dem die Herzdruckmassage erfolgen soll. Es ist anstrengend, heiß, ich bin die Kräftigste von uns und spüre, wie seine Rippen unter meinen Händen nachgeben.

Wir wechseln uns ab, die Bewegung ist ungewohnt, wir knien auf dem harten Boden, das Atmen unter der Maske fällt schwer. Mein Blick fällt auf meine Tasche, die ich einfach fallen gelassen habe: „Wir helfen tragen. Lübecker Hospizbewegung". In diesem Moment kommt es mir seltsam vor, wie „Sterbebegleitung to go".

Mir ist warm, ich ziehe meine dicke Winterjacke aus und bitte eine Verkäuferin um eine Flasche Wasser. Sie steht in der Nähe, neben einem Rollwagen mit Waren, ein provisorischer Blickschutz, um etwas Privatsphäre zu gewährleisten. Sie ist Teil dieses Geschehens, das sich niemand von uns ein paar Minuten vorher hätte vorstellen können und uns entsprechend überfordert.

Sie geht los, dreht sich kurz darauf um und fragt „still oder mit Sprudel?", und trotz der Tragik der Situation muss ich lächeln. Wir wechseln wieder – ich sehe während der Herzdruckmassage auf das Display des Telefons, 06:38 Minuten – jedes Gefühl für Zeit ist verloren gegangen.

Der Defibrillator ist da, ein kleines, relativ unscheinbares Gerät, das ich schon oft gesehen habe. Manchmal habe ich mich gefragt, ob im Notfall jemand wüsste, wie damit umzugehen ist. Während der Qualifizierung für den Wünschewagen haben wir alles, was sich in dem Wagen befindet, kennengelernt und vieles ausprobiert. Auch, wie der Defibrillator einzusetzen ist. Das ist ca. zwei Jahre her, und damals erschien eine Situation wie die, die ich gerade erlebe, unvorstellbar.

Es war ein geschützter Rahmen; unter professioneller Anleitung erklärte man uns die Anwendung. Ein großer Unterschied zwischen Theorie und Praxis. Es ist etwas ganz anderes, einen fremden Körper zu entblößen und Elektroden auf bestimmte Stellen des Oberkörpers zu kleben, als es in einer Fortbildung zu sehen.

Der Mitarbeiter am Telefon und der Defibrillator unterstützen uns. Das Gerät spricht, sagt klar und deutlich, was gemacht werden muss und wann der Patient gefahrlos berührt werden kann.

Ich gucke in die Jackentaschen, vielleicht hat er ein Handy bei sich und wir können Angehörige benachrichtigen. Tini befürchtet, dass wir das ohne seine PIN gar nicht nutzen können, aber das Klapp-Handy, das ich in seiner Tasche finde, scheint aus der ersten Generation der Mobiltelefone zu stammen und kennt so etwas gar nicht. In der anderen Tasche finde ich seinen Ausweis, die Krankenkassenkarte und einen Einkaufszettel. Ich sehe, dass er aus der Stadt kommt und ganz in der Nähe wohnt. Und ich sehe seinen Namen und sein Geburtsdatum. Er hat drei Vornamen, altmodische Namen, wie sie heute nicht mehr an Kinder vergeben werden.

Ich nenne ihn hier Herr Wilhelm, das ist nicht der Name aus dem Ausweis, aber ich finde, er passt. Mir bedeutet es etwas, seinen Namen zu wissen und ich spreche ihn damit an, auch wenn ich weiß, dass er mich vermutlich nicht hört.

Jemand, den ich sehr mag, zitiert immer aus „Vom Winde verweht", wenn ich nach einem Taschentuch frage. „In den entscheidenden Augenblicken deines Lebens hattest du nie ein Taschentuch dabei", heißt es in dem Film. Ich weiß gar nicht, ob es ein entscheidender Augenblick ist, auf jeden Fall ein bewegender und anstrengender, und ich habe keins bei mir. Eine Verkäuferin reichte mir ein Paket Taschentücher mit Motiven, ein kleiner Farbtupfer in dieser Situation, die tatsächlich nur einige Minuten dauert, aber unendlich lang erscheint.

Herr Wilhelm reagiert nicht auf unsere Maßnahmen. Wir machen weiter, bis die Sanitäter eintreffen. Die beiden Männer, die die Behandlung übernehmen, strahlen Professionalität aus. Sie agieren ruhig und schnell, legen einen Zugang, verabreichen Medikamente, beziehen uns weiterhin ein. Herr Wilhelm wird beatmet, ständig wird überprüft, ob ein Puls zu spüren ist, die Herzdruckmassage wird fortgesetzt.

Nach einigen Minuten erscheint der Notarzt mit einem weiteren Sanitäter – sie sind mit dem Rettungshubschrauber gekommen. Gemeinsam mit zwei Polizisten sind wir jetzt einige Leute, die um Herrn Wilhelm stehen bzw. sitzen. Ich knie auf seiner linken Seite und berühre seine Hand. Die Behandlung durch den Notarzt ist zielgerichtet und hat so gar nichts mit dem zu tun, was ich aus der Sterbebegleitung kenne. Hier geht es darum, ein Leben zu erhalten bzw. wieder zu holen, da gelten andere Regeln. Herr Wilhelm wird intubiert, abgesaugt, ich sehe Blut und Erbrochenes auf seinem Gesicht und wische es mit einem Taschentuch ab. Ich bin dem Notarzt dankbar, dass er diese – aus medizinischer Sicht – völlig sinnfreie Handlung zugelassen hat.

Nach einigen Minuten wird Herr Wilhelm für den Transport vorbereitet. Der Boden des Drogeriemarkts sieht aus wie ein Schlachtfeld. Aufgerissene Verpackungen von Kanülen und Medikamenten, Handschuhe, Papiere. Aufgeschnittene Kleidung, unbrauchbar und unnötig, neben ihm. Gemeinsam legen wir Herrn Wilhelm auf die Trage, mit der er in den Krankenwagen gebracht wird. Ich wische ihm erneut mit einem feuchten Tuch über das Gesicht, auf dem Taschentuch steht „You are amazing" und ich finde, das ist ein wundervolles Zeichen. Am Tag zuvor habe ich mit Rudolf, befreundeter Wünschewagenkollege und Notarzt, telefoniert. Er erzählte mir, dass er bei Verstorbenen immer leicht die Stirn berührt und „Ich wünsche Ihnen eine gute Reise, wohin auch immer sie geht!" sagt. Einen Tag zuvor fand ich es bewegend, jetzt sage ich es in Gedanken zu Herrn Wilhelm, der von den Sanitätern hinausgefahren wird.

Tini und ich helfen den Mitarbeiterinnen beim Aufräumen. Der Boden wird desinfiziert, wir sammeln unsere Sachen zusammen und gehen. Mir fällt mein Lippenstift ein. Ich gehe zurück, stelle mich an die Kasse und bezahle. Draußen warten Tini und ihr Mann, er holt uns einen Kaffee, wir stehen gemeinsam einen Moment vor der Tür, bevor ich mich verabschiede.

Ich weiß nichts mit mir anzufangen und gehe ins Büro. Es ist Freitagnachmittag, niemand da. Ich schreibe Nachrichten an meine Familie, sie sollen mir versprechen, nicht zu sterben. Mir ist klar, wie schwachsinnig das ist, aber ich bin durcheinander und wütend. Nachdem ich zwei Stunden aus dem Fenster gestarrt habe, fahre ich nach Hause. Meine wundervollen Nachbarn haben Essen für mich, Kartoffelpüree, es hätte nichts gegeben, was an diesem Tag besser gepasst hätte. Es fühlt sich an wie eine warme Umarmung.

Das Gefühl, dass das Letzte, was Herr Wilhelm gesehen haben könnte, eine Fremde war, beschäftigt mich. Diese ganzen Merkwürdigkeiten des Tages kommen mir in den Kopf, so viele Kleinigkeiten, die dazu geführt haben, dass ich in genau diesem Moment an genau dieser Stelle stehe. Wenn ich das in einem Film sehen würde, käme es mir total übertrieben vor. Ich weiß, dass ich alles getan habe, was ich tun konnte. Und habe trotzdem das Gefühl, dass irgendetwas nicht stimmt.

Nachtrag. Es ist Sonntag. Gestern habe ich mich gefühlt, als ob mich ein Bus überfahren hätte, heute komme ich langsam zur Ruhe. Ich bin dankbar für die Menschen in meinem Leben. Es gab jemanden, der mich fest umarmt und einfach gehalten hat, als ich in Tränen ausgebrochen bin. Ich habe mit einigen, mir wichtigen Menschen gesprochen, Kolleginnen aus der Hospizbewegung, die mir einen wunderbaren Blick auf diese Erfahrung ermöglicht haben und mir am Telefon beim Weinen zugehört haben. Meine Mutter, die spontan sagte: „Der hat auf dich gewartet!" und meine Freundin, die die Würde darin gesehen hat, dass ich ihm das Gesicht gereinigt habe. Auf seinem Einkaufszettel stand u. a. Cappuccino. Ich habe vor ein paar Tagen auch welchen gekauft, mache mir einen großen Becher, zünde eine Kerze an und denke an Herrn Wilhelm.

Gute Reise – schön, dass ich bei Ihnen sein durfte!

Von neuen Wünschen

In einer größeren Firma oder Verwaltung gibt es fast immer Kolleginnen, mit denen man wenig zu tun hat. Wenn man in unterschiedlichen Abteilungen tätig ist, kann es vorkommen, dass man gar keinen Kontakt zueinander hat und auch nach längerer Zeit nicht so genau weiß, wer einem auf dem Flur oder in der Kantine begegnet.

Und es gibt Menschen wie Annette. Unsere Arbeitsbereiche haben kein bisschen miteinander zu tun, trotzdem war sie eine der Ersten, die ich kennenlernte, als ich in meiner jetzigen Tätigkeit anfing. Annette ist präsent, eher laut als leise, offen und manchmal so direkt, dass ich mich frage: „Hat sie das jetzt echt gesagt?" Muss man mögen. Ich mag es.

Es ist reiner Zufall, dass wir uns an dem Sommerabend treffen. Die Stadt, in der wir leben und arbeiten, ist klein, die Möglichkeiten, abends unterwegs zu sein, sind übersichtlich. Ich bin mit zwei anderen Kolleginnen verabredet und ein bisschen aufgeregt. Ich wohne noch nicht lange hier. Menschen, die seit 30 Jahren in der Stadt leben, werden als „Zugezogene" bezeichnet, im Verhältnis dazu bin ich mehr als neu. Die Einladung meiner Kolleginnen freut mich sehr, ich habe hier bisher nur wenige persönliche Kontakte.

Ich stehe ein bisschen orientierungslos vor dem Lokal und halte Ausschau nach den beiden, mit denen ich mich treffen möchte. Es ist fast vollbesetzt, das Wetter ist traumschön, viele Menschen sitzen draußen.

Ich sehe Annette, deren Frisur und Outfit ein Blickfang sind, es ist fast unmöglich, sie in diesem Umfeld zu übersehen. Sie ist im Gespräch mit einem Mann, wirkt vertraut und glücklich. Um sie nicht zu stören, gehe ich ein bisschen weg und suche weiterhin nach meinen Kolleginnen. Annette sieht und winkt mich an ihren Tisch. Sie stellt uns einander vor: „Das ist Tinka, meine Kollegin. Und das ist Roland, der neue Mann in meinem Leben!"

Sie ist bezaubernd in ihrer direkten und, Roland gegenüber, gleichzeitig liebevollen Art. Ich gucke sie an, ziehe ein bisschen die Augenbrauen hoch und frage im Scherz: „Äh ..., wie lange geht das schon mit euch ...?" Sie antwortet spontan: „Zwei Wochen. Aber wir kennen uns schon mehr als vierzig Jahre! Er hat mich wiedergefunden!"

Roland, der bis zu diesem Zeitpunkt nicht viel gesagt hat, guckt mich freundlich an und sagt: „Setzen Sie sich gerne zu uns!" Bevor ich ablehnen kann, klärt Annette die Situation. „Nein! Auf gar keinen Fall!" Gut, dass wir uns schon ein bisschen kannten, so bin ich gar nicht auf die Idee gekommen, es persönlich zu nehmen.

Ich weiß, dass Annettes Mann gestorben ist. Und, dass er vorher mit dem Wünschewagen gefahren ist. Ein paar Monate nach dieser Begegnung in dem Lokal treffen wir uns bei ihr zu Hause, um über beides zu sprechen.

„Frank war meine große Liebe!" Das ist eine klare Aussage und ich kann mir vorstellen, wie schwer es ist, über den Verlust, der erst zwei Jahre zurückliegt, zu reden. „Einen Tag vor Heiligabend ist er gestorben, das ist eine schwierige Zeit für mich. Aber schwierig war es ja vorher auch, mit seiner Krankheit. Das ging ja nicht von heute auf morgen, da gab es ja eine ganze Zeit, in der er krank war. Menschen verändern sich in so einer Zeit. Und Frank war kein einfacher Mann, weder gesund, noch krank."

Und dann sagt sie den Satz, von dem ich weiß, dass ich ihn mir für immer merken werde, weil ich ihn so schön finde: „Er hatte zwei Seiten. Und ich mochte beide."

Annette erzählt vom Kennenlernen, damals in der DDR. Sie, blutjunge 18, er neun Jahre älter, erfahren und selbständig. Wie gut er aussah, mit seiner Lederjacke und der Levis-Jeans, „wie 'ne 1".

Ihr damaliger Freund war Roland, eine Teenie-Freundschaft, für ihn aber mehr. „Du musst dich entscheiden" – und Annette entschied sich für Frank. Sie wusste relativ schnell, dass er verheiratet war.

Aber gegen echte Liebe hilft nichts, sie wurden ein Paar und Annette mit 19 das erste Mal Mutter. Es war nicht unkompliziert, Annette, die studieren wollte, Frank, mit seiner ausgeprägten Eifersucht und vielleicht auch ein bisschen Neid, weil er aus persönlichen Gründen die Schule nach der 8. Klasse verlassen musste.

Sie schildert die Jahre und Frank so lebhaft, dass ich fast vergesse, sie erst so kurz zu kennen. Seine hohe Allgemeinbildung, das Interesse für die verschiedensten Themen, die gemeinsamen Freundschaften und seinen Humor. In einem Fotoalbum hat sie neben Bildern auch kleine Nachrichten von ihm aufbewahrt.

Ich muss lachen, als ich sein „Testament" sehe, dass er geschrieben hat, nachdem Annette ein Pilzgericht gekocht hatte. Wenn er jetzt sterben würde, sollten die Kinder das Haus erben – und Annette den Rest des Essens.

Sie berichtet von 40 Jahren Beziehung mit allen Höhen und Tiefen. Frank war schwer zu verpflanzen, damals, als sie 2002 in die Stadt gezogen sind, in der wir uns kennengelernt haben. Sie hat es ihm leicht gemacht, ihn bei der Arbeitssuche unterstützt und auch eine Stelle für ihn bei unserem gemeinsamen Arbeitgeber gefunden. „Die Kollegen dachten häufig, wir bringen uns gleich um, aber für uns war das ein ganz normaler Umgangston." Jetzt, da ich sie ein bisschen kenne, kann ich mir das lebhaft vorstellen.

Der Altersunterschied war nie ein Thema. Bis Frank in Rente gegangen ist und Annette weitergearbeitet hat. „Plötzlich war er den ganzen Tag zu Hause. Und schwer zu motivieren, da hatte ich schon manchmal das Gefühl, dass wir uns auseinandergelebt haben. Die Liebe zwischen uns war nie weg, es war nur schwieriger miteinander." Es gab unerklärliche Stimmungsschwankungen, erst himmelhoch jauchzend und dann zu Tode betrübt. „Frank war wütend auf alles – und im

Gespräch dann wieder ganz freundlich", erzählt sie. Zu diesem Zeitpunkt gab es keine Erklärung für dieses Verhalten.

Schwer zu sagen, wann das mit der Krankheit begann, die ersten Zeichen waren diffus. Geschwollene Beine, Bluthochdruck, vielleicht was mit dem Herz oder der Prostata? Es gab kein einfühlsames Gespräch, bei dem die Diagnose mitgeteilt wurde, keinen geschützten Rahmen, in dem über das weitere Vorgehen und mögliche Behandlungsmöglichkeiten gesprochen wurde. Es gab den „worst case": eine Krankenschwester, die mit der Frage: „Wer ist hier eigentlich der Krebspatient?" so ganz nebenbei für Aufklärung sorgte.

„Mit dem Wissen um die Diagnose habe ich mich auch verändert. Ich war manchmal wütend auf seine unbeherrschte Art, dann hatte ich Verständnis, weil ich wusste, dass es Auswirkungen der Krankheit sind, irgendwann war ich wieder so resolut, wie es meine Art ist", sagt sie. Und ich kann mir lebhaft vorstellen, was sie damit meint. Annette schildert das „Nicht-Wahrhaben-Wollen", die Abschiede von der Familie, den Überraschungsausflug mit dem Wünschewagen, den die gemeinsame Tochter organisiert hatte.

Ich sehe Fotos von diesem Tag, dem 40. Geburtstag des Sohnes, Frank im Pflegebett mittendrin. Die medizinische Betreuung war sichergestellt, erst durch die Palliativ-Station in Flensburg, dann zu Hause, mit Hilfe und Unterstützung. Er wurde an seinem Geburtstag aus dem Krankenhaus entlassen. Frank wollte nicht mehr. Nicht mehr leben, nicht reden, nicht über die Beisetzung oder das, was kommen würde. Nur durch Annettes Initiative konnten sie sich für eine Bestattung im Friedwald entscheiden. „Ich bin so erzogen worden, nicht gleich aufzugeben", sagt sie. Und ich kann mir vorstellen, dass sie damit nicht nur die Zeit der Krankheit, sondern viele der gemeinsamen Jahre meint. Frank ist so gestorben, wie er es sich gewünscht hat, zu Hause, an Annettes Seite.

Ich hatte Annette einige Monate nach seinem Tod kennengelernt und wusste keine Details über ihre Beziehung. Bis zu diesem Augenblick. Es ist rührend, sie so liebevoll über ihren Mann sprechen zu hören. Und über ihren jetzigen Partner Roland, den sie nicht gesucht, aber der sie gefunden hat. Wie schwer es ihr gefallen ist, ihn in ihr Leben zu lassen, weil sie weiß, wie eifersüchtig Frank war. Sie kann sich vorstellen, dass er das nicht gewollt hätte, einen anderen Mann in ihrem Leben.

Im Fotoalbum gibt es einen von Frank geschriebenen Zettel: „Ich lasse mein Herz hier". Annette ist zum Friedwald gegangen und hat Frank von dem neuen, alten Mann in ihrem Leben erzählt. Sie möchte ihr Leben weiterleben, mit einem Partner. Und ich kann mir gut vorstellen, dass die eine Seite von Frank das verstehen kann.

Letzte Worte

Anfang März war ich nach Tobago geflogen. Corona war zwar schon präsent, stellte aber keine wirkliche Bedrohung dar. Und trotz meiner Fast-Erleuchtung gab es einen Menschen, mit dem ich nicht so auseinandergegangen war, wie ich es mir gewünscht hätte. Vielleicht war es Eitelkeit, das Gefühl, nicht verstanden zu werden, von beiden Seiten etwas Sturheit und überhaupt, in ein paar Wochen würde ich ja eh wieder da sein. Ich war gegangen, ohne richtig „Tschüß" zu sagen, ohne Umarmung, ohne versöhnliche Worte. Und ohne zu sagen, wie viel der andere mir bedeutete.

Vier Monate später bin ich immer noch auf Tobago, die Welt ist eine andere, ein Virus hat alles auf den Kopf gestellt und stillgelegt. Es ist eine Zeit, in der sich viele Menschen auf das besinnen, was ihnen lieb und wichtig ist. In den meisten Fällen sind das Freunde und Familie.

Persönliche Treffen sind nur schwer möglich, auch wenn man auf dem gleichen Kontinent lebt. Wir hatten in der Zwischenzeit Kontakt. Nein, mit dem Wissen, wie sich die Welt entwickelt, wären wir anders auseinandergegangen, da sind wir uns einig.

Wir hätten uns richtig voneinander verabschiedet, einen Moment Zeit füreinander genommen, uns einmal fest umarmt. Jetzt ist alles anders, für jeden von uns, in jeder Beziehung.

Ich werde zurückkommen nach Deutschland, glücklich und dankbar für das, was ist. Genauso wie alle anderen Menschen werde ich mich an die neue Normalität gewöhnen, vielleicht noch ein bisschen achtsamer sein als bisher. Denn diese Erfahrungen waren so prägend, dass man sie nicht so schnell vergisst. Es wird viel Schönes geben – und trotzdem werde ich immer mal wieder an diese „Nicht-Umarmung" denken.

Dieser Mensch lebt, aber unsere Basis hat sich verändert. Wir werden anders sein, auch im Miteinander. Und das ist ok. Es ist eine gute Erinnerung daran, dass es manchmal keine zweite Chance gibt, auch wenn niemand stirbt.

Gerade jetzt wird uns allen deutlich, wie schnell es gehen kann, dass es dieses Morgen vielleicht nicht mehr geben wird. Ein guter Grund, um einem nahestehenden Menschen einfach mal zu sagen, dass man ihn mag.

Die meisten der beschriebenen Begegnungen fanden 2020 statt. In einem Jahr voller Herausforderungen, besonders für Schwerstkranke und ihre Angehörigen. Viele Wünsche konnten in dieser Zeit nicht erfüllt werden, einiges von dem, was selbstverständlich gewesen war, erschien plötzlich außerhalb jeder Vorstellung: Konzerte, Familienfeiern, große Sportevents. Um so schöner, dass durch die professionelle und engagierte Zusammenarbeit von Haupt- und Ehrenamtlichen trotz aller Herausforderungen einige Wünschefahrten ermöglicht werden konnten. Jede einzelne Fahrt war wertvoll und unvergesslich.

Danke

Christian Schüle, dich als Freund in meinem Leben zu wissen ist ein Geschenk, ein Vorwort von dir eine echte Ehre.

Beate Forsbach, das zweite Buch zu einem so sensiblen Thema zu verlegen braucht Mut! Ich freue mich über deine Unterstützung und unsere weiteren Projekte.

An die Kolleginnen und Kollegen aus der Hospizarbeit und dem Wünschewagen: Danke, für die wertschätzende und professionelle Zusammenarbeit. Ich habe große Hochachtung und Respekt für eure Arbeit.

An die Menschen, die mich und mein Leben bereichern, sei es als Familie oder durch ihre Freundschaft: Danke, für Taschentücher, Tee, Umarmungen und die Bereitschaft, mir immer wieder zuzuhören.

Mein aufrichtiger Dank gilt all den Menschen, die ich begleiten durfte und die ihre Gedanken und Gefühle mit mir geteilt haben. Ich fühle mich geehrt, für das mir entgegengebrachte Vertrauen. Sie haben einen besonderen Platz in meinem Herzen.

Wissenswertes

Bei dem „Wünschewagen" handelt es sich um ein rein spendenfinanziertes Projekt des ASB (Arbeiter-Samariter-Bund). Schwerstkranken Menschen in ihrer letzten Lebensphase können Wünsche erfüllt werden, ohne dass ihnen oder den Begleitpersonen Kosten entstehen. Die Begleitungen werden von ausgebildeten Ehrenamtlichen übernommen. Sie möchten weitere Informationen? Das Projekt unterstützen? Unter www.wuenschewagen.net gibt es Details.

Die „Lübecker Hospizbewegung e. V." bietet Hilfe für schwerstkranke Menschen und ihre Zugehörigen, Sterbebegleitung und Trauerangebote. Weitere Informationen finden Sie hier: www.luebecker-hospizbewegung.de

Sie haben Fragen oder möchten Kontakt mit mir aufnehmen? Ich freue mich über Ihre Nachricht unter:

Tinka.Beller@luebecker-hospizbewegung.de

Zur Autorin

Tinka Beller, Jg. 1970, ist Gleichstellungsbeauftragte, Expertin für Gender Diversity und Autorin.

Als ausgebildete Hospiz- und Sterbebegleiterin ist sie Vorsitzende der Lübecker Hospizbewegung e. V. und ehrenamtlich als Begleiterin für den „Wünschewagen" des ASB tätig.

Als Teilnehmerin von Podiumsdiskussionen oder Referentin versucht sie, die Themen „Tod und Sterben" in die Mitte der Gesellschaft zu bringen.

Edition Mini
Große Gedanken
in einem kleinen Buch

Weitere Bände von Tinka Beller

**Vom Geschenk des
Abschiednehmens**

11,5 x 18 cm, 84 Seiten
ISBN 978-3-95904-088-4

2. Auflage
Edition Forsbach 2022

Von der Trauer

11,5 x 18 cm, 96 Seiten
ISBN 978-3-95904-144-7

Edition Forsbach 2022

Zeitfracht Medien GmbH
Ferdinand-Jühlke-Straße 7
99095 Erfurt, Deutschland
produktsicherheit@kolibri360.de